Star
星出版

新觀點
新思維
新眼界

習慣が10割

最強習慣養成

3個月×71個新觀點,打造更好的自己

——仕事、お金、人間関係——
人生がうまくいく最も強力でシンプルな方法。

吉井雅之
(よしい・まさし)

張智淵/譯

目錄

第4章 運用大腦的力量，讓習慣變成超強力

第5章 你的人生透過習慣的力量動起來

序言
習慣影響人生

你是否因為這種事情煩惱？

「早起持續不了。」

「明明開始學習英語，但是在過程中受挫。」

「明明想要減重，卻忍不住吃太多。」

「明明想要戒菸，又總是戒不掉。」

這些都是常見的煩惱，不是因為你意志力薄弱，也不是因為你沒有幹勁，更不是因為你缺乏與生俱來的能力，或是個性有問題。

那麼，為何不能如願呢？

那是因為你不曉得「成功養成習慣」的方法。

「習慣」是指，努力不懈地持續自己決定要做的事。

養成哪種習慣，會決定你的人生。一切取決於習慣，習慣決定了一切，這就是我在本書想要傳達的內容。

我身為習慣形成顧問，從企業經營者到一般員工、學生和孩子，至今總共指導過5萬人打造習慣的方法。

在他們當中，我看到了數不清的人的人生，因為習慣而大幅改變。

比方說，完全接不到訂單的業務員搖身一變，成為超級銷售員；無法對自己有自信的女性減重成功，神彩奕奕地開始綻放光芒；不睦的夫妻關係變得圓滿……許多人因為養成良好的習慣，開始過著與眾不同的人生。

因此，我能夠斷定——習慣具有非常強大的力量。

從工作、學習、家庭到人際關係，習慣在所有場合中，會成為你強而有力的夥伴。

習慣是整個人生中極有幫助、最強大的技能。

打造習慣和能力、資質無關，也不需要落伍的秉性論。

我身為習慣形成的專家，傳授至今的是所有人都能夠實踐、重現性高的方法。

此外，我納入腦科學，分享了將所有人一律擁有的大腦機能徹底活用的專業知識。

我介紹的習慣養成方法，和年齡、職業、學歷等完全無關，無論男女老少，對任何人都有幫助。

當然，對你也是。只要你看完這本書，學會養成新習慣的技能，我保證你能夠度過理想的人生。

本書的內容包括：

第1章，解說習慣決定人生的一切。看完之後，你就會明白習慣為何具有左右人生的力量。

第2章，闡釋習慣的真面目。你應該能夠理解，為什麼到目前為止，你想要養成的一些習慣會持續不了。

第3章，介紹養成習慣的重點。說明培養習慣的實踐性專業知識，像是開始新習慣的具體方法與如何不受挫的祕訣等。

第4章，說明取悅大腦、打造強大習慣的方法。大腦和習慣有著極強的連結，知道大腦的特性，就能夠確實養成新習慣。

第5章，按照主題，介紹打造習慣的方法。像是早起、念書、減重、存錢等，解說如何養成許多人都想要持續下去的習慣。

那麼，我們馬上從第1章進入正題吧！

如果本書能夠改變你的習慣，幫助你成為理想的自己，我將會感到無比開心。

吉井雅之

第1章

人生，「習慣決定一切」

001

習慣決定一切！

現在的你，是「過去的習慣」所累積形成的

若是在工作和人際關係上四處碰壁，或者學習和減重無法持之以恆而受挫，許多人在這種時候，是否往往就會認為人生在世，不如意事十常八九呢？

「**我的人生，不應該是這樣。**」你是否會如此心想，感到後悔或心情低落呢？

「和上司合不來，是因為對方不好。」

「業績沒有成長，因為經濟不景氣呀。」

或許你偶爾也會像這樣，忍不住將不順利的原因，都推給別人和整

個大環境。

事情不順利時，人心中免不了都會湧現消極的情緒，我也很了解想要認為「不是自己的錯」的這種心情。

正因如此，我要告訴你一項鐵錚錚的事實，那就是**「打造如今的你的人，正是你自己」**，過去的言語、行動、想法等所有事物的累積，造就出現在的你。也就是說，「習慣決定了人生的一切」，這是不爭的事實。

你可能會想：「沒那回事！應該是與生俱來的能力和個性，大幅左右了人生。」

請你想一想，在剛出生的嬰兒中，有「會念書的嬰兒」和「不會念書的嬰兒」嗎？有「個性好的嬰兒」和「個性差的嬰兒」嗎？

剛誕生在這世上的我們，人人都一樣純真無瑕，所有人沒有天分、個性的優劣之分。

確實，隨著年紀增長、開始上學念書，**班上開始會有「成績好的孩子」和「成績差的孩子」，但那不必然反映出天分差異**，反映的或許更是「有勤奮念書習慣的孩子」和「沒有勤奮念書習慣的孩子」而已。

等到長大成人、進入社會之後，同一家公司也會有「業績好的業務員」和「業績差的業務員」。明明銷售同樣的商品，接受同樣的研習，攜帶同樣的名片和手冊，但是銷售成績卻因人而異、天差地別，這種事在任何一家公司都十分常見。

然而，這也不必然反映業務員的天分和個性的差別。

業績好的業務員在推銷商品時，很多都會對客戶展現滿臉的笑容。**他們真心相信「客戶購買這件商品使用，會有好處」**，所以對於能夠向客戶介紹商品，感到非常開心。

縱然遭到拒絕，也能夠坦然心想：「客戶錯過機會購買這麼棒的商品，真是可惜！」所以，也能夠笑容滿面地說：「如果您改變心意，請務必聯絡我！」

另一方面，業績差的業務員就算是勉強擠出笑容，也是皮笑肉不笑的，因為他心想：「反正推銷也只會被拒絕」，所以和客戶說話時也有些馬虎，或者容易變得沒有自信。

實際上，一旦遭到拒絕，就會變得更討厭前往下一個推銷地點，表情也變得愈來愈陰沉。

假如你是客戶的話，你會想跟哪一種業務員購買呢？答案應該顯而易見。

這兩種人的差別只有一個，那就是發自內心的笑容。

無論是否賣不賣得出去，每天面帶笑容推銷的習慣，唯獨這個差別顯現，絕非有天分的差別。

像這樣，打造出現在的你，正是過去所累積的習慣。

「人沒有能力的差別，
只有習慣的差別。」

首先，不妨從接受這個事實開始。

習慣養成重點

DAY 001

做得到、做不到，不是能力問題，差別是因為累積的習慣而產生。

002

你一直都在被習慣操縱

烙印大腦的資訊會顯現在下意識的行動

我們出生時，所有人一律平等，處於一張白紙的狀態。**為什麼隨著年紀增長，會有不同習慣的差異呢？理由在於「被洗腦」。**

從懂事開始，被身邊的人一直說：「你是個沒用的孩子」、「你做不到」的孩子，時間一久，自己也會開始認為「自己是個沒用的孩子」、「自己做不到」。

這是因為被一再反覆從耳朵鑽入大腦的話給洗腦了。而且，很可能也會養成念書和運動馬上放棄，或是拖延寫作業和練習的習慣。日積月累下來，真的會把自己塑造成「不會念書的孩子」、「不會運動的孩子」。

相對地，從小一直被說：「你是個好孩子」、「你做得到」的孩子，本人也會覺得「自己是個好孩子」、「自己做得到」。

因此，比較容易養成即使念書和運動遭遇一、兩次失敗，也不放棄持續挑戰，而且會自動自發寫作業和練習的習慣。透過這種習慣的累積，將自己打造成「會念書的孩子」、「會運動的孩子」。

不過，不只別人的話會烙印在自己的大腦上，「做不到呀～」、「反正不可能順利的」，是否有人成天把這種話掛在嘴上呢？

自己說的話，也會當作資訊，從耳朵進入大腦，徹底烙印在大腦。**烙印在大腦的話很容易形成習慣，而習慣造就出你這個人。**也就是說，你在不知不覺間被習慣操縱著。

「不過是從耳朵進入大腦的話，想法和行動會受到那麼大的影響嗎？」你或許如此感到疑問。

但麻煩的是，人的大腦有一種特性，會將所有從耳朵進入大腦的資訊認定為事實。

我們的大腦無法區別事實、謊言和玩笑，若是被人說：「你是個沒用的人」，大腦就會乖乖相信，然後採取變得沒用的行動。

縱然毫無你真的是個沒用的人這種根據，大腦也不管，只會將別人說的話當作事實接受。

而且，**經過一定期間，反覆從五感納入大腦的資訊，不久後會抵達人的潛意識，在大腦深處深深扎根，而我們會基於進入潛意識的資訊，下意識地反應。**

你在小學時期，應該也有一再反覆背誦九九乘法表的經驗吧？久而久之，就算不經大腦思考，「二二得四」、「六五三十」這種話語，應該也會浮現在腦海，或者脫口而出吧。

這是因為從你的耳朵反覆進入大腦的資訊在潛意識扎根，讓你能夠下意識地反應。

或者你是否曾在不知不覺間，將電視反覆播放的廣告台詞背起來，忽然間自言自語或跟著唱了起來呢？這也是下意識的反應。

像這樣，被烙印在潛意識的資訊，會變成行動、言語、表情等反應顯現。

大人不會特別意識到：「今天必須刷牙」，即使不經思考，每天也會下意識地刷牙。

這是因為從小時候開始，被烙印在潛意識「吃完東西要刷牙」的這種資訊，變成下意識的行動顯現。

縱使自己沒有意識到，也會在無意中去做的事和自然那麼做的事，就是「習慣」。

能夠發自內心露出笑容的業務員，不必刻意擠出笑容。由於替自己洗腦，「如果客戶購買了這件商品使用，會有好處，所以我很開心」這種想法深植於腦海，養成了下意識露出笑容的習慣。

客戶看到笑容，覺得：「這個人給

人的感覺很好」，「他說起話來，感覺令人舒服。」

也就是說，一般人認為與生俱來的資質和個性，其實全部都是烙印在大腦的結果，也就是因為潛意識而產生的習慣。

習慣不是單純的行為舉動，而是你這個人的「狀態」。

習慣養成重點

DAY 002

反覆進入耳朵的話會烙印在潛意識，逐漸形成習慣。

003

改變習慣，人生就會改變！

業績吊車尾的業務員，透過持續一個小小的習慣，變成金牌業務

因為「被洗腦」而養成的習慣，打造出如今的你。

有些人聽到這句話，或許會這麼想：

「我現在會這樣，都是因為我父母的教養方式有問題。」

「主管老是否定我，工作不是很順利。」

請等一下，你是否忘記重要的事？那就是「你也能替自己洗腦。」

想要改變自己，從現在這一刻起，你就能開始重新為自己洗腦。無論幾歲、處於哪種環境，只要你想做，馬上就能開始。

任何小事都可以。首先，請決定你要做的一件事，隨時意識到，反

覆替自己洗腦；如此一來，就會養成不同以往的習慣。

過去累積的習慣，打造出如今的你，這是事實。倘若如此，從現在開始累積形成新習慣，動手打造出未來的自己即可。改變習慣，就能改變人生。

參加我的研討會的人，有很多透過養成新習慣，大幅改變了人生。

有一位男性業務員，因為業績毫無成長，苦惱不已。

他任職於一家全佣金制的公司，收入幾乎為零，這種情況持續下去，終於被逼上「再這樣下去的話，家人無法生活」的絕境。他想要突破這種困境，決定「每天打十通業務開發電話」當作習慣。

他就這樣持續打電話，結果一年之後，達成了第一名的業績。

另外，有一位業務員決定：「用心

寫訊息給見過的人」，他持續這樣做，結果在他的公司裡，變成了顧客回頭率、介紹率都是第一名的業務員。

過去眾所周知業績吊車尾的業務員，透過勤奮地維持小小的習慣，搖身一變，成為超級業務員，這就是習慣具有的強大力量。

打電話和寫簡訊，都是芝麻小事，持續個一、兩天，不見得會產生什麼效果。

儘管如此，如果持續這個習慣一年又一年，就會養成「自己也能持續一件事」的自信。成天把「我做不到」掛在嘴上的人，也能覺得「我做得到！」

也就是說，能夠「把一件事變成習慣」的這種成果，會改變你自己。重要的不是「持續做什麼」，「能夠持續下去」這件事本身，就具有了不起的價值。

我們無法改變過去，但是能夠打造未來。打造未來的好方法，就是「打造良好的新習慣」。

再小的小事都可以，持續做一件事就對了，那會成為你改變人生的重要第一步。

習慣養成重點

DAY 003

即使只是一件小事，只要持續做下去，未來就會改變。

004

好消息！養成習慣的簡單訣竅

這項技能將成為支撐你一生的重要資產

只要養成「持續做一件事」的習慣，對你而言，就會變成非常強大的武器。

不管那「一件事」是「工作」、「學習」或「減重」都一樣，決定「為了達到目標，要做什麼」，然後一股勁兒勤奮做下去，僅此而已。

打造習慣的方法，比你想的簡單許多。

習慣是指，「遵守和自己的約定」。若是在前一篇提及的業務員，「每天打十通業務開發電話」，他要做這件事，並不是和某個人的約定，約定的對象是自己。

他遵守了那項約定，人生因此大幅改變。

在此，重要的是：「自己決定」的約定內容。

你或許會感到意外，但是很多人都不會自己決定事情，即使腦中籠統地思考：「我要再加油一點」，「我必須更努力才行」，但是大都沒有決定「為了……，我要……。」

因此，每天的具體行動，也就毫無改變，習慣也就沒有養成。

大多數的人都認為「習慣持續不了」，這其實並不正確。只是因為跳過了「自己決定」的這個重要步驟，所以「習慣沒有開始」。

只要你自己決定，任何習慣都能夠順利養成。

對於至今沒有養成習慣而苦惱不已的人來說，這豈不是一個好消息？

因為是自己決定的，不是受到別人指使。能夠憑藉自己的意志，決定「我要做這件事！」，自由開創人生。

這麼一想，是不是令人覺得愉快一些？

掌握養成習慣的訣竅，就能夠將這項技能運用在人生的任何場景，

習慣將成為支撐你一生的重要資產。

習慣養成重點
DAY 004

掌握養成習慣的訣竅，就能夠運用在人生的任何場景。

005

讓習慣成為你的利器

只要小小的改變，身邊就會充滿機會

大多數的人都認為：「只是養成習慣，人生不可能改變。」如果你這麼想的話，那是非常可惜的事。

習慣是用來打造未來的最佳方法，倘若明明有方法，可以實踐自己勾勒的未來，卻不去執行、虛度人生，天底下沒有比這更可惜的事了！

「話是這麼說沒錯，但有些事情並無法靠習慣改變。就算想要努力工作，假如經濟不景氣，或是跟上司真的合不來，這也是無可奈何的吧？」或許，你會想要這樣反駁。

真是如此嗎？

確實，或許存在「經濟不景氣」的事實，但是要如何看待這一點，因人而異。

有的人認為：「因為不景氣，所以工作不順利。」相對地，也有許多人認為：「因為不景氣，所以有機會」，可以創造出新的業務和服務，或是開發新的客戶。

也就是說，「因為經濟不景氣，所以工作不順利」，不過是「自己」如此看待罷了。

同樣地，這世上也不存在「令人討厭的上司」，只存在「覺得上司很討厭的自己」。

總之，一切都是「你自己」決定的事。

事實只有一個，但是看法有百百種，這就是真理，而這種看法也是習慣之一。

累積「這種時候，這樣思考」的思考習慣，形成了「你」這個人。

只要改變習慣，就能夠重新打造出認為「因為不景氣，所以有機會」的自己，或是認為「那位上司也有優點」的自己。

與習慣結為盟友，就能夠不受他人和環境的影響，走自己的路。

希望你務必曉得，習慣將是遠遠超越證照和素養的強大武器。

習慣養成重點

DAY 005

習慣改變，看法也會改變。看法改變，人生就會改變。

006

工作、人際關係、金錢、健康……透過習慣的力量，一切都變得順利

持續所有人都做得到的簡單小事，人生因此改變的人所在多有

打造習慣的技能，能夠運用在人生的所有場景，聽我這麼說，你或許還是半信半疑。

但是，我至今看過許多憑藉習慣的力量，大幅改變人生的人。

對於工作、人際關係、金錢和健康等，抱持著各種煩惱和問題的人，「想要設法改變人生」，抱著抓救命稻草的心情，參加了我的研討會。

此外，我也指導過致力於運動和念書的孩子，或是期望成為一流選手的運動員，無論對象是誰，我教授的事情只有一件，那就是「打造習慣的方法（習慣形成）。」

我之所以確信習慣具有強大的力量，是因為不論年齡和職業，我親眼目睹了各式各樣的人透過習慣形成，改變了自己的樣子。

讓我介紹幾個案例。

案例1 透過「一張紙」的習慣，從一般上班族變成全球經營者

A先生曾是任職於某家企業的上班族，當時的他，被大量的工作追著跑，身心俱疲，處於對人生不抱夢想和希望的狀態，跑來找我。

我說：「再小的小事都無所謂，請試著持續一件事。」A先生相信我的話，做了決定。

「我要在一張紙上，寫下每天要做的事。那些工作全部做完，我才要睡覺。」

於是，他一股勁兒持續這個習慣。

後來，過了十年，如今他變得如何呢？

他自己開了公司，成為經營者，變成國際商務人士，在全球十五國

開拓事業。

A先生做的事，只是「寫在紙上」這種習慣而已。**在寫下每天該做的事情的過程中，他心中明確知道「自己真正想做什麼」，而且「為了做到……，應該……」的種種想法，也不斷地湧現。**

持續每天在紙上寫出來，那「一天之內一定做完」這種習慣維持了十年，結果實現了「有一天，我想在海外闖出一番事業」的夢想。

始於區區一張紙的習慣，如此大幅改變了一個人的人生，這正是習慣的威力。

案例2 透過用語的習慣，成功減重10公斤以上

B小姐無法對自己有自信，總是一臉陰沉的表情。

當時的她，對於肥胖體型感到自卑，那好像令她感覺低人一等。

她聽到我在研討會上，提到烙印在大腦的內容，如此決定：

「用餐時，我要邊吃邊說：『如果吃這個，體態就會變好。』」

看在別人眼中，或許會覺得愚蠢。然而，B小姐相信我說的：「大腦會認定從耳朵進入的資訊是真的」，憨直地持續那個習慣。

結果，她成功減重了十多公斤，也參加減重成功者的選美比賽，對自己完全產生自信。

如今，她變得積極、開朗，和從前判若兩人，找到自己想做的工作，換了工作，每天神彩奕奕地工作。

說到B小姐做的事，只有在每次用餐，說出自己決定的話而已。她並沒有進行痛苦的節食，也沒有進行艱辛的運動。

再小的小事也無所謂，如果持之以恆，就能夠變成理想的自己，她完美證明了這一點。

案例3 透過早上「走出家門」的習慣，40歲的前職業拳擊手重返擂台

C先生在25歲之前，是活躍於擂台的職業拳擊手。

儘管一度從拳擊界引退，對於和去世的父親約定要「成為冠軍」，卻無法實現諾言，C先生始終耿耿於懷，在38歲時下定決心，要重新成為職業拳擊手。

不過，一旦開始訓練，卻怎樣也持續不了每天早上的長跑訓練。因為不同於年輕時，身體變得比較容易累積疲勞，總是忍不住心想：「今天好累，別跑了！」，就偷懶不跑。

後來，他改成這麼想：「總之，從小事開始，我要持續下去」，做了這個決定：

「每天早上起床之後，我要穿上訓練服走出家門。」

不是「每天早上跑步」，而是試著先從「走出家門」開始養成習慣。

如此心想，縱使還想睡覺，或者身體感到疲憊，他也決定醒來之後，至少先走出家門，並且持續這麼做。

一旦走出家門，就會心想：「既然特地出門了，就稍微跑一下吧！」猛然回神，C先生自然開始持續長跑訓練。

而且，在40歲時，他在WBC世界銀腰帶拳王爭霸賽蠅量級的錦標賽中，成功KO獲勝，履行了和去世父親的約定。

習慣甚至具有逆轉年齡和填補人生空缺的力量，C先生的案例教了我這一點。

案例4 透過說「謝謝」的習慣，戲劇性地改善家人關係

D先生對於和家人的關係感到煩惱，尤其是和大他一歲的妻子，經常為了管教兒子，夫妻倆大吵特吵。

他看到年幼的兒子，因為目睹父母不睦而擔憂、害怕時，內心一怔，於是希望設法改善夫妻關係。

D先生如此決定：「我要每天對妻子說『謝謝。』」

於是，**他不間斷地持續訴說感謝的話。**

「謝謝妳照顧兒子。」

「謝謝妳準備三餐。」

就這樣，他改掉從前成天掛在嘴上的「別說這種話！」，「這不用妳說，我也知道！」的用語，改說「謝謝！」

不久之後，D先生妻子臉上恢復了開朗的笑容，兒子的內心也重拾平靜。

如今，家人之間的對話變多了，家裡的氣氛變得十分開朗，他覺得很開心。

習慣具有大幅改變人際關係的力量，前述這些只是我至今看過的案例的一小部分。到目前為止，有成百上千人就像這些案例，透過習慣的力量，大幅改變了人生。

除此之外，像是老是散財、對經濟感到不安的人，變得能夠儲蓄，或是屢戰屢敗的國中弱足球隊打敗了強校，以及討厭念書的孩子變得主動念書……不分男女老少，我至今看過許多人透過習慣產生了莫大的變化。

有效掌握養成習慣的訣竅，就能夠因應任何煩惱和問題。

我之所以能夠如此斷言，是因為有一群人透過習慣，獲得了幸福的人生。

習慣養成重點

DAY 006

養成良好的習慣，能使人生產生超乎想像的戲劇性變化。

007

無論是誰，無論從幾歲開始，都能夠養成新習慣

從今天開始，你的人生從明天起，就會開始改變

養成習慣，永遠都不會太晚。

「無論是誰，什麼時候都能開始」，就是培養習慣的好處。

習慣是用來打造理想人生的方法，勾勒「想要變成……」的夢想，沒有年齡限制。

當然，有物理上做不到的事，舉例來說，即使我「想在天空飛」，也無法像超人一樣，光憑身體就在空中飛來飛去。

假如我勾勒「我想要考取小飛機的駕照，在天空飛」這種夢想，那又如何？

我今年60歲了，如果我再活十年，說不定就能夠考取小飛機的駕照，並且存錢購買塞斯納小飛機，從私人機場飛上天空。

十年後的我70歲了，當然會有無法輕易做到的事，但物理上做不到的事可以設法克服，因此這個夢想很可能實現。

今天這一天，是剩餘的人生中，最年輕的一天。

上天對所有人一樣公平，今天這一天都會到來。

如果從今天開始一項良好的新習慣，明天之後的人生就會確實改變。

所有人都被賦予每天重新開始的機會。

習慣養成重點

DAY 007

每天都是展開新習慣的好機會，也都是人生開始改變的好起點。

008

不需要意志力、幹勁和天分

想要改變人生，你需要的是「良好的錯覺」

養成習慣，不需要天分和幹勁。

話說回來，**「有沒有能力」、「意志力強或弱」，是誰決定的呢？**

能力和意志力的強弱，沒有舉世通用的平均值。

那麼，是誰決定了沒有世界共通標準的事物呢？**答案是：你自己。**

明明沒有測量標準，只不過是自己擅自認定「我沒有能力」、「我意志力薄弱」；總之，一切不過是自己的錯覺罷了，而且這種錯覺來自習慣。

看到考試分數，認為「居然只考50分，我沒有能力」的這種思維習慣，或是認為「居然考了50分，我有能力」的這種思維習慣，養成哪一種思維習慣，就會產生「有或沒有能力」的錯覺。

這樣的話，最好徹底往對自己有利的方向產生錯覺，一開始說謊也無所謂，認為「我真是天才！」、「我意志力好強」即可。

你的大腦會乖乖被騙，因此會烙印在潛意識裡，久了就會為身為「有能力的人」和「意志力強的人」而採取行動。

想要改變人生，需要的不是天分和幹勁，只需要良好的錯覺。

如此一想，你是否覺得「自己也做得到」？

習慣養成重點

DAY 008

徹底往對自己有利的方向產生「錯覺」吧！

009

我原本什麼也持續不了……

直到貴人出現，改變了跌落人生谷底32歲的自己

我如今一副了不起的樣子，告訴大家習慣的重要性，但我原本也是個不管做什麼都持續不了的人。

更慘的是，我持續的盡是一些壞習慣。比方說，我會賭博，賺到的錢馬上花掉，一有不爽的事，就對身邊的人發脾氣，盡是養成這些壞習慣，人生當然不可能諸事順遂。

儘管我在二十多歲時創業，但是創立的事業，全部以失敗告終，一夕之間破產。我欠了一屁股債，樹倒猢猻散，我變得自暴自棄，給身邊的人添了數不清的麻煩……。

後來，我徹底染上了「反正，我不管做什麼都不順利」的思考習慣，人生路愈走愈坎坷。

改變我的是，在32歲時參加研習中遇到的貴人。

擔心我的朋友說：「說不定，這會成為改變你的契機」，勸我參加那場研習，我才真正體悟到習慣的力量。

當時，一位比我年長了一倍、六十多歲的男性，也參加了那場研習。

他對我說：「我有每天寫明信片的習慣。」

前一陣子，他再婚了。對方也是再婚，有個十多歲的女兒。

女兒最愛已經去世的親生父親，完全不肯親近成為繼父的他。

後來，女兒決定念寄宿高中，離開了家。那間學校在當時非常糟糕，聽說有許多學生退學。

他知道這件事，擔心女兒，思考「身為父親，能不能為她做點什麼？」所以，就決定「每天寄明信片給女兒。」

於是，**他不曾一天間斷，持續寄明信片給女兒。**

寫的內容天天都不同，但是**最後一句話總是固定：「我相信妳。」**

在那句話中，蘊含了滿滿的關愛。他就這樣持續寫明信片。

女兒不承認他是父親，沒有回信。儘管如此，他在女兒畢業前的三年內，從未曾間斷地持續這個習慣。

畢業典禮到來的那一日，聽說女兒第一次叫他「爸爸」，向他道謝。

他告訴我，後來他們變成了像親生父女一樣的關係。我聽完這個故事，深受感動。

於是，我覺得「決定『每天做同一件事』，持續去做，說不定具有非常強大的力量。」這就是我第一次完全意識到「習慣」具有強大力量的瞬間。

經歷過那次體驗之後，「我也想要持續一件事」的心情，在我內心萌芽。我想起了之前在書店看過的一句話。

我想，那八成是寫在某本書的海報文宣上，那句話躍入我的眼簾：

「謝謝妳生下我。」

那句話在我心中留下了強烈的印象，因為我老是讓父母擔心，給他們添麻煩，從來沒有對母親說過「謝謝」。

我的母親經歷過四次流產和死產，她在歷經那些痛苦之後，在第五次生產中，生下了我。

母親拚命生下了我，我非但沒有向她道謝，反而對她惡言相向：「都是因為妳生下我，我才會變成這種廢物！」

我真是個不孝子。

因此，我試著在紙上，寫下給母親的話。

「謝謝妳拚命生下我，我今後會努力一點，讓妳覺得『生下我真好』，請妳一定要長命百歲。」

我決定，在每年的一月一日，在母親面前唸這段話。

我如今也忘不了第一次說出這段話時，我母親的表情。

遺憾的是，母親後來不久就過世了，所以我只能當面向她本人說這段話兩次。

從此之後，對著母親的壇位唸這段話，變成了我的習慣。

不可思議的是，**在我持續對母親說「謝謝」的過程中，我也自然對其他人道謝，這變成了一種習慣。**

在此同時，**我開始意識到之前覺得理所當然的事，其實並不理所當然，是多麼地值得感謝。**

如果電車準時來，工作沒有遲到，就要心懷感謝。

如果公司的樓層潔淨，就要感謝打掃的人。

像這樣，**我逐漸養成了一顆能夠感謝日常小事的心。**

不知不覺間，我和身旁的人關係開始變好，工作也慢慢變得順利。

我為了實踐母親在生前常說的「要對別人有幫助」，開始想要幫助大人和小孩，讓所有人都能夠實現夢想，度過與眾不同的人生。

如今，我之所以從事指導許多人養成習慣的工作，就是因為我有過這種人生經驗。

還有幾個我決定持之以恆的習慣，例如：

將脫下來的鞋子擺整齊。

看著對方的眼睛打招呼。

每天寫電子報。

這些雖然都是小事，但是每一個都是打造如今的我的重要習慣。

我也效法使我改變人生的那位男士，持續「寄明信片給一個人一百天」。一張張明信片用心手寫，寫出我的真心話，寄給照顧過我的人，以及我想要傳達心情的對象。

每年元旦，我會對自己的孩子們唸出感謝的話，這也是我的習慣。

我像之前對母親做的一樣，把對兒子的感謝心情寫在紙上，在他們本人面前朗讀。

「謝謝你們誕生。你們在國中時對我說的『我們尊敬您』的這句話，是對爸爸的勉勵。我會努力，讓你們一輩子都能夠這麼說，請你們也要貫徹自己的生活方式。」

既然都對孩子這麼說了，身為父親的我，就不能因為一點小事而氣餒，或者偷懶。

我每年唸出給孩子們的真心話，想讓他們能夠心想「當爸爸的孩子真好」的心情就變得更加強烈。

於是，**我本身被習慣具有的力量拯救、強化了**。

就連曾經不管做什麼都不順利，歷經工作和人際關係都跌入谷底的我，都能夠透過養成習慣大幅改變人生。

這樣的我都做得到，你當然也做得到。

本書介紹的是，從大人到小孩，不論年齡、性別和職業，能夠幫助任何人改變的高實用性方法。

簡單介紹完「這麼做，就能夠持續下去」的具體方法，**請先從一件小事做起就好，試著從你在意的事和感覺做得到的事開始**。

習慣養成重點

DAY 009

透過一個小小的習慣，你的人生會發生驚人改變。

010

透過習慣的力量，成為理想的自己！

想要改變人生的那一刻，你的人生就開始改變

即使看到這裡，或許你還是認為「真的能夠改變自己嗎？」而感到懷疑。

不用擔心，我保證你一定能夠改變，因為你已經展開行動，拿起這本書閱讀。

想要改變人生的當下，你的人生就已經開始改變，我能夠如此斷言。「想要改變現在的自己」，背後應該有「其實想要變成怎麼樣的自己」的想法。

想像著「要變成什麼樣的自己」的人，肯定潛藏著改變自己的力

量。接下來，只要妥善運用習慣的力量，就能夠一步步趨近理想的自己。

有人總是認為：「人生並不順從人意」，那是天大的誤會。

人生會順從人意，更正確地說，是「人生只會按照『理想』發展。」

從來不曾勾勒「變成棒球選手」這種夢想的人，不會成為職棒選手。天底下絕對沒有人「不曾想像過，但是不小心變成了大聯盟選手。」

人，只能變成想要變成的自己。

因此，想要改變自己，現在正在看這本書的你，肯定具有接近理想的你的力量，請務必相信你身上的那股力量。

請利用這本書，踏出第一步，成為「你想要變成的自己」。

習慣養成重點

DAY 010

人生只會按照「理想」發展。

第2章

為何你持續不了？

011

先來定義，「習慣」是什麼？

習慣其實就是「本性」

一般而言，人們認為習慣是「持續進行一件事」；然而，在意識到「必須持續這件事」的過程中，嚴格來說，不能稱為「習慣」。

如同第1章說過的，**「習慣」是指「烙印在潛意識的資訊所引發的下意識反應」；也就是說，自己下意識去做的事情稱為「習慣」**。

縱使沒有意識到「今天必須刷牙」，一回神，自己正在刷牙，這種狀態就是「習慣」。

同樣是刷牙，除非聽到父母說：「吃東西之後要刷牙」，否則就不會去刷牙的孩童，這件事尚未變成「習慣」。

當然，在一開始時，必須刻意反覆刷牙的舉動。在反覆幾千次、幾萬次的過程中，就會被烙印在潛意識中，變成下意識去做的事。

如此一想，**其實習慣很可怕，因為是下意識去做，自己根本沒有意識到相關的行為或用語。**

一個人的「本性」，就顯現在那種下意識的言行中。

即使業務員在客戶面前擠出笑容，在被對方拒絕的瞬間，在自己也沒有意識到的情況下，將憤怒和失望寫在臉上。

這就是「習慣」，也就是一個人的「本性」。縱使用再多表情和言語來掩飾，只要背後存在「另一個真正的自己」，那個笑容始終僅止於刻意的言行。

而且，其實別人很容易看清本人下意識的行徑。無論業務員再怎麼擠出笑容，在遭到拒絕的瞬間，看到業務員露出一絲絲不悅的表情，就算只有一秒不到，也很容易令人覺得他「給人的感覺很差」。

想要營造「給人的感覺很好」，就必須養成不管在任何場合都能

「下意識露出笑容」的習慣。

就像每天刷牙那麼自然，如果能夠下意識面帶微笑，那就變成了「習慣」。

或許你會認為：「難度也太高了吧？感覺實在是做不到。」

請放心，**在面對你現在的「本性」和「想要變成的自己」之間有落差的這個事實的當下，你就已經踏出改變自己的第一步。**

不知道目前的所在地，就不知道終點的距離和方向。

如果你知道你現在的「本性」如何，就能夠朝著「想要變成的自己」，做正確的努力。

絕對沒有必要否定現在的自己。現在的你，是過去的習慣所打造出來的，只要妥善掌握了機制，就能夠按照理想，打造未來的自己。

接下來，我會說明如何掌握這樣的機制。

習慣養成重點
DAY 011

「習慣」是指下意識去做的事。

012

你為何維持不了想要養成的習慣？

大腦會持續做令人愉快的事情，不愉快的事情持續不了

你到目前為止想要養成、但受挫的習慣，包含哪些呢？

或許，此刻你腦海中浮現了許多畫面，像是學英語會話、減重、存錢等。

那麼，你到目前為止一直持續下去的習慣，包含哪些呢？

即使「全部都受挫，從來不曾持續過」的人，也請仔細思考一下。

每天在電車上玩手遊。

飯後一定吃甜食。

薪水入帳之後，會購物犒賞自己。

是不是有很多人，若是前述這樣的習慣，就容易持續下去呢？

那麼，**持續下去的習慣和持續不了的習慣，差別在哪裡呢？大腦是否感到愉快。**

英語會話令人不愉快，但是打手遊很愉快。減重令人不愉快，但是吃甜食很愉快。存錢令人不愉快，但是購物很愉快。這種差異，便是持續下去或受挫中斷的原因。

此時，你可能心想：「事情有那麼簡單嗎？！」而感到訝異。然而，就大腦的機制而言，一切取決於「好惡」。

從五感進入大腦的資訊，會由杏仁核這個部位判斷「愉快」或「不愉快」，它會主動接近感到「愉快」（＝喜歡、快樂、開心、雀躍等）的事物，這稱為「趨近反應」。

相對地，它會試圖遠離感到「不愉快」（＝討厭、無聊、悲傷、生氣等）的事物，這稱為「趨避反應」。

因此，你喜歡的事物會持續下去，而討厭的事物則是持續不了。

總之，人只會持續自己感覺愉快的事。

大多數的人認為：「做這件事是正確的，所以必須持續下去。」不玩手遊，學習是正確的。避免甜食，保持健康的飲食是正確的。不亂花錢，存錢是正確的。如此思考，試圖持續正確的事。

然而，**大腦無法只因為正確，就持續一件事。**如果沒有令人雀躍的情緒，就算是再怎麼正確的事，大腦也會自動引發趨避反應。

你的習慣之所以持續不了，原因就在於此。

所以，為了持續你想要養成的習慣，請不要勉強自己試圖持續正確的事，要為了「享受」正確的事而努力。

「沒辦法『享受』令人討厭的事物吧？」你或許這麼認為。

可是，人的大腦非常單純，假設你的英語一直都學不好，一再受挫，但是你去了某間補習班後發現，教你的老師神似你最愛的好萊塢演員。

你是否會因為期待見到那位老師而不蹺課，持續學習英語會話呢？

即使你不喜歡學英語，如果去補習班令你覺得愉快，最後學習英語

就會變成你的習慣。

像這樣，要令大腦雀躍，意外地簡單。

許多人不知道自己是依大腦「愉快／不愉快」而反應，認定「痛苦的事，就必須痛苦地靠毅力和幹勁克服。」**如果知道自己受到「好惡」的情緒控制，就掌握了有效養成習慣的頭緒。**

習慣養成重點

DAY 012

令人感覺痛苦的事物持續不了是理所當然的，首先，請設法將痛苦變成雀躍。

013

你果然被習慣操控了

人的情緒受到「過去的資料」控制

那麼，**杏仁核以什麼來判斷「愉快」或「不愉快」呢？以「包含過去情緒的記憶」來判斷。**

即使相同的工作擺在眼前，我們的大腦會依過去擁有的記憶而有不同判斷。

過去有記憶工作不順利的人，杏仁核會基於這些資料，判斷為「不愉快」。於是，產生「討厭」、「痛苦」的情緒，引發了「趨避反應」，因為「如果可以，不想做」的心情而勉強採取行動。

相對地，過去有記憶工作順利的人，杏仁核會基於這些資料，判斷為「愉快」。於是，產生「愉快」、「有趣」的情緒，引發了「趨近反應」，因為「做做看！」的心情，主動採取行動。

也就是說，**「愉快」或「不愉快」的情緒，全部都是自己事後附加的結果**。「愉快的工作」、「討厭的工作」，從一開始並不存在。

我們的大腦，一天會判斷「愉快／不愉快」七萬次，也有一種說法是十二萬次；無論如何，都是非常龐大的數量。

若是知道這一點，更能夠明白到人受到情緒所控制。而且，人的大腦有一種特性，愈是負面的情緒，愈容易記得。

所以，比起順利的事，更多不順利的事會累積在過去的資料中。因此，就算擬定工作和學習的目標，大腦也會基於過去的記憶，認為「做不到」、「不可能」而放棄。面臨緊要關頭時，大腦也會基於過去的記憶，認為「慘了！」、「糟了！」，因為不安而畏縮。

對於業績不振的業務員而言，真正困難的，不是成為超級銷售員，而是認為「自己能夠成為超級銷售員」這件事很困難。

對於棒球弱隊的選手而言，真正困難的，不是參加甲子園，而是認為「大家能夠前進甲子園」這件事很困難。

我們人因為記憶力太好了，所以情緒受到過去的資料所控制。

過去的記憶決定情緒，情緒決定行動，這些行動的累積就成為習慣。

習慣養成重點

DAY 013

過去的記憶決定情緒，情緒決定行動，行動的累積就成為習慣。

014

為什麼壞習慣總是戒不掉？

想要減重，就不要接近甜食

前兩篇文章中說明，人的情緒和行動依照杏仁核所做的「愉快」或「不愉快」的判斷，分成「趨近反應」和「趨避反應」。看起來好像很複雜，其實只有「靠近」或「遠離」而已。

著眼於反應模式，「順利的人」和「不順利的人」的差異，就會變得鮮明。差異是：

順利的人會接近有必要的事，避開沒有必要的事。
不順利的人會避開有必要的事，接近沒有必要的事。

究竟是怎麼一回事？舉例說明一下，你會更明白。

順利的人反應模式如下：

想要學習英語，必須拿起書本，所以將書本放入包包，一有時間的話，就能馬上拿出來看——這就是「接近有必要的事」。

想要減重，必須少吃甜點，即使去便利商店，也不要靠近甜點櫃——這就是「避開沒有必要的事」。

相對地，不順利的人反應模式如下：

想要學習英語，明明必須拿起書本，卻一直將它擺在桌子的角落——這就是「避開有必要的事」。

想要減重，明明必須少吃甜食，但是一到便利商店，就去看看甜點櫃有什麼——這就是「接近沒有必要的事」。

這樣一比較，就會明白**「不做該做的事，卻做不該做的事」，是凡事不順利的人**

的慣有反應模式。

「壞習慣戒不掉」的人，也是基於這種反應模式。

想要提升工作成果，出去跑業務即可，但是忍不住進入小鋼珠店……想要鍛鍊肌肉，下班去健身房即可，但是忍不住去了居酒屋……像這樣，老是接近沒有必要的事，壞習慣永遠也戒不掉。

想要戒除壞習慣、養成好習慣，就必須刻意切換成「接近有必要的事，避開沒有必要的事」的反應模式。

習慣養成重點

DAY 014

讓自己處於能夠馬上做必要的事的狀態，不接近沒有必要的事。

015

阻礙你養成習慣的欲望！

選擇「輕鬆」或「充實」，是人生的分歧點

為了成功打造良好的習慣，還有一件事你必須理解，那就是**人擁有「安逸的欲望」和「充實的欲望」這兩種欲望。**

「安逸的欲望」指的是，「想要輕鬆度日」的心情。除了食欲、睡眠欲、性欲這三大欲望，物欲、控制欲和私利私欲等，都屬於這一種。

「充實的欲望」指的是，「想要充實度日」的心情。自我實現欲、自我成長欲、創造價值欲和社會和諧欲等，都屬於這一種。

當我們試圖培養習慣時，這兩種欲望會互相碰撞。有一部分的自己心想：「我要養成習慣，讓人生變得更好」，追求充實的欲望。但另一部

分的自己心想：「那麼努力很辛苦，還是算了吧！」，追求安逸的欲望。

若是安逸的欲望獲勝，習慣就維持不了。即使理智上明白「做這件事比較好」，如果想要輕鬆一點的欲望更強，就會心想：「還是算了吧！」，將計畫拋諸腦後。

人會追求哪一種欲望，取決於想法和行為模式。

追求安逸型的人，代表性思考模式如下：

- 想要避開麻煩的事。
- 害怕責任落到自己頭上。
- 不想挑戰新的事物。

結果就是，下列的行為模式變成習慣：

- 把責任推給別人。
- 沒有指示，就不採取行動。
- 處理問題的速度慢，改善、提升工作表現的速度慢。

可以明顯看出，**追求安逸型的人以「期待別人」的「依賴」態度度**

日，認為「就算自己不做，也會有人替我做」，「如果我做不到，都是別人的錯」，不願自己思考、採取必要行動。

相對地，追求充實型的人，常見思考模式如下：

- 為了達成願景，就算是麻煩的事也想做。
- 想做必須擔責任的工作。
- 想要挑戰新的事物。

結果就是，下列的行為模式變成習慣：

- 當責。
- 就算沒有指示，也能夠自己思考、採取行動。
- 處理問題的速度快，不斷改善、提升工作表現。

你應該能夠看出，**追求充實型的人以「期待自己」的「自立」態度度日**。「自立」指的是，無論在哪種環境和條件下，都能夠徹底發揮自己的能力和潛力，試圖開拓康莊大道，和依賴別人的生活方式正好相反。

那麼，能夠養成好習慣、持續成長的人是哪一種呢？

沒錯，當然是追求充實型的人。

不沉溺於目前的安逸，意識到要度過充實的人生，所有人無論從幾歲起，都能夠成長。

人若是渾渾噩噩度日，安逸的欲望就會獲勝。

任誰都會自然認為，比起辛苦，能夠輕鬆一點當然比較好，但是那麼一來，就不容易養成習慣，也不容易改善人生現況。

你想要：

按照如今的生活方式，選擇輕鬆的道路？

以比現在更好的人生為目標，採取充實度日的行動？

問問自己，你真正想要的是哪一種？

習慣養成重點

DAY 015

想要度過充實的人生，所有人無論從幾歲起，都能夠成長。

016

習慣＝想法的深度×一再反覆

只要掌握機制，就能夠一直成功養成新習慣

若要不沉溺於安逸的欲望，追求充實的欲望，該怎麼做才好呢？

答案就是：想像「理想的自己」，具體勾勒出畫面。

習慣形成的法則，可以用下列這個公式表示：

習慣＝想法的深度×一再反覆。

想要養成習慣，必須刻意反覆一件事。

如果沒有「自己想要變成這樣」的想法，努力反覆就會變得困難。

這種想法愈深，習慣形成的成功率就愈高。

想像你希望五年後和十年後的你變成怎樣？當然，光是如此，也能

夠踏出第一步，邁向習慣形成，但是若要維持習慣，就必須進一步加深想像畫面。

加深想像的重點是，你可以自問：「變成理想的自己時，誰會替你感到開心？」

為何這麼做？因為人要持續努力下去，需要「被人認同」的認同感。當自己交出成果時，有人一起開心、認同自己，會成為最大的原動力。像是家人、朋友、上司、同事、客戶等，因人而異，你的腦海中應該會浮現各種臉孔。如果能夠盡量具體描繪畫面，想法就會相對加深。「想法的深度」和「一再反覆」搭配得宜時，你就能獲得「習慣」這項重要資產。

在這一章，我介紹了習慣養成的機制，說不定有人會認為：「如果自己受到大腦運作和本能欲望的控制，是否根本無法養成顛覆它們的習慣？」

不用擔心，**只要好好理解、妥善掌握機制，我們反而能夠利用人類具有的特性和本能，培養出數不清的好習慣。**

那麼，從下一章開始，我會為各位說明習慣形成的具體訣竅。

習慣養成重點

DAY 016

「自己想要變成這樣」的想法愈強烈，愈容易養成習慣。

第3章

意志力薄弱的人也能夠持續下去！養成習慣的最強技能

017

首先，從小習慣開始

小習慣的累積，會大幅改變人生

「我想要透過習慣，改變人生。」

如果你這麼認為，就決定了你應該做的第一件事，那就是從「小習慣」開始。

儘管你想要改變自己，也不能突然試圖做翻天覆地的事。**改變人生，不是一蹴而得的事，而是日常小習慣的累積。它會變成你的「本性」，改變你這個人本身。**

要以無人能及的耐性，持續所有人都做得到的事。能夠做到這一點，你一定會切身感覺到習慣具有的力量。

聽到「小習慣」，有些人或許會意不過來，舉例來說，像是這種事情：

- 早起。
- 寫日記。
- 在通勤時間看書。
- 將脫下來的鞋子擺整齊。
- 主動向同事打招呼。
- 撿起眼前的垃圾。

很多人可能覺得訝異：「咦？這種小事就可以了嗎？」

沒錯，這種小事就可以了。

如同我先前說過的，**請先和自己約定乍看之下，「所有人都做得到」的事。**

不必想得太難，只要做自己從以前就記掛在心上的事即可，像是「如果可以的話，我想要……」，「如果有時間的話，我想要……。」

或許，有人會感到疑問：「把鞋子擺整齊和改變人生有什麼關係呢？」

在此，**重要的不是「持續什麼」，而是打造「能夠遵守自己所做的約定」這種實際成績。**縱使是再小的小事，一天又一天持續下去，會令人增添自信，帶給你成就感。

在第2章，我介紹過人的情緒受到過去的資料控制。因此，**如果「能夠持續一件事」這種記憶增加，當你嘗試做別的事情時，也會認為「我做得到！」而感覺雀躍或愉快。**

不知不覺間，人生就大幅改變，這一切也不過是從「小習慣」開始而已。

我會請參與我的研習課程的人，先力求貫徹「小習慣」，許多人的人生因此大幅改變。

案例1　每天回到家後，先收拾、丟棄三件垃圾，業績提升了！

E先生持續了「回家之後，先丟三件垃圾」這種小習慣。

當時的他，是保險公司的業務員，因為業績停滯不前而感到煩惱。

我詳細詢問他每天過日子的方式，他說：「我下班回家之後，馬上脫下西裝外套，坐在沙發上，打開電視。」

因為工作累了，下班之後只是無所事事，也不打掃房間，家裡亂得一塌糊塗。

我聽到這種情形便提議：**「你在脫下西裝外套之前，先隨意丟三件垃圾。」**E先生也同意：「這樣的話，感覺做得到」，將它當作和自己的約定。

E先生持續每天這麼做的過程中，猛然回神，不再打開電視了。

丟掉垃圾、整理屋內之後，桌上也變得整潔。於是，他心血來潮，心想：「既然打掃乾淨了，來確認一下明天的工作和會面吧！」在桌上翻開記事本，變成了他的習慣。

他不再一面看電視，一面東摸西摸到半夜，隔天早上能夠早起，心情愉悅地面對工作。

結果，他大幅減少工作疏失、不再遲到，能夠按部就班、有效率地完成業務。隨著這種改變，業績也驚人地提升。

E先生做的是**「丟掉三件垃圾」這種小習慣，結果改變了E先生「喜歡東摸西摸」、「討厭麻煩的事」這種「本性」，在工作上也帶來了好結果。**

E先生一開始應該也感到疑問：「我明明想要提升業績，為何要丟垃圾？」

然而，這就是持續「小習慣」的驚人力量。

案例2 每天持續寫電子報，結果出書了

F先生決定「每天寫電子報」，從此之後，持續這個習慣長達九年半。

他在電子報寫的是，回顧一天之後的感想、看書之後的感動，儘管

是以輕鬆的心情，決定寫電子報代替日記，但是一開始的時候，因為想不到要寫什麼內容，經常頭痛一、兩個小時。

他說，原本以為是小習慣的事，感覺卻出乎意料痛苦，幾度差點半途而廢。

於是，他把心一橫，不再裝模作樣，把自己和家人的事通通公開寫出來之後，收到了許多讀者表示「我有同感」的回響。

F先生大方展露出原原本本的自己之後，開始能夠完全接受部屬和工作夥伴，人際關係變好了，對工作也產生良好的影響。

除此之外，出版社聽到電子報廣受好評而找上門，讓他有了將自己的體驗和想法出版成書這種意想不到的機會。

F先生開始寫電子報時，壓根沒有想到自己會成為全國知名的作者。一切都始於「每天寫電子報」這種小習慣。

案例3 每天早上六點洗馬桶，改變了整間公司

G先生持續了「每天早上洗公司的馬桶」這種小習慣。

其實，G先生是經營者，聽到其他公司「因為洗馬桶，公司的業績變好」這種案例，因此他一開始試圖讓員工們將洗馬桶變成習慣，但所有人都不想做，他說：**「既然這樣，身為領導者的我，就帶頭做給你們看」**，決定每天早上，自己一個人洗馬桶。

他開始每天比所有員工早到，早上六點就到公司，一手拿著馬桶刷，一手拿著清潔劑，以不熟練的動作，花將近一個小時清洗馬桶。

一開始，他對自己用手清洗別人用過的馬桶感到反感，但是久而久之，看到馬桶愈刷愈乾淨，心情逐漸變得愉快。

經過一年左右，某位員工開口說：「從今天起，讓我來做」，每天早上代替G先生洗馬桶。

其他員工也加入打掃辦公室的行列，如今，包含G先生在內，所有人每天早上打掃十分鐘變成了習慣。

在G先生持續一個人洗馬桶的一年內，一次也沒有說過：「你們也來洗馬桶！」

看到開始主動打掃的員工們，G先生意識到：「大家假裝沒在看，其實都在監視自己的行動。」

他們心想：「反正社長應該沒幾天就會放棄」，看著他行動，結果社長每天早上不間斷地持續洗馬桶超過一年。身邊的人從G先生的樣子，感受到他的認真程度，改變了員工的行動。

所有員工打掃的習慣，提高了整間公司的向心力，業務也變得順利運作。

一個人持續「小習慣」，除了自己之外，整個組織也大幅改變了。

如何？

你是否能夠理解我說的「『小習慣』改變人生」的意思了呢？

我在案例中提到的人們，並非從一開始就期待重大變化，而是持續著「小習慣」，結果人生改變了。

即使是一件件的小事，如果持續去做，就會變成非常強大的力量，

希望你務必了解這一點。

習慣養成重點

DAY 017

「能夠持續下去」這種實際成績，將成為你的強大武器。

018

先試著思考「開始」，不是「持續」

一開始不要過於雄心壯志，先做做看就好

縱然是「小習慣」，若是從一開始就心想：「我一定要持續下去！」，對自己施加壓力，反而容易持續不了。

拿起這本書的人，應該或多或少都覺得「自己不擅長持續」，那是因為你的大腦累積了「持續很痛苦」這種過去的記憶。

如果杏仁核基於過去的資料，判斷為「不愉快」，就很難持之以恆。因此，請你先試著思考「開始」，而不是「持續」一件事。

如此一來，就能以「先做做看」這種心情開始。如果是「開始」這種用語，應該也有許多人會感到「莫名雀躍」。

話說回來，「小習慣」在持續之前，「先做做看」就具有價值。

再小的小事也無所謂，若是決定履行和自己的約定、先做做看，就能看見到目前為止，自己也沒有察覺到的「本性」。

決定「把鞋子擺整齊」、做做看時，或許意外地能夠一絲不苟每天持續下去，或許第一週持續，但是第八天開始就隨隨便便，又或許第一天就受挫。

無論如何，應該都能夠感覺到過去的自己，是以怎樣的態度致力於一件事。

大多數的人都沒有意識到自己的「本性」，因此雖然心想：「這樣下去不行」，卻不知道該如何改變才好，結果過著因循苟且的人生。

你下意識如何思考、如何行動呢？

光是意識到這一點，就非常有價值。

請以「從今天開始」這種意識「先做做看」，掌握習慣形成的關鍵。

習慣養成重點

DAY 018

先開始做做看，有助於你察覺到目前為止沒有發現到的本性。

019

一開始先降低門檻

鍛鍊腹肌做一下，日記寫一行就好

開始培養習慣時，有一件事千萬不能做，那就是以「完美」為目標，這是受挫的重大原因。

舉例來說，假設你決定「寫日記」，你鼓起幹勁，買了一本漂亮的日記本，它是一天寫一頁的格式。

翻開第一頁，你開始寫今天發生了什麼事，但即使想到的事全部都寫完了，也不過才寫滿半頁。

儘管絞盡腦汁，用力思索還有沒有其他事可以寫，你什麼都想不到。

那一瞬間，你心想：

「不行，實在寫不完一頁。」

於是，寫日記這件事，突然變得討厭。

從隔天起，你甚至不想翻開日記本了。特地買回來的漂亮日記本，應該會被收進抽屜，再也不會被翻開了。

這就是完美主義者常見的受挫模式。

「因為是一天一頁的日記本，所以每天一定要寫滿一頁。」

若像這樣堅持理想形式，只要稍微偏離，就會心想「做不到了」而放棄。

可是，這世上並沒有「日記要每天寫滿一頁」的規定，無論是半頁或三分之一頁，應該都沒道理被別人說什麼。

若是想不出半點東西可以寫，寫一行不就得了？

「今天沒有特別的事可以寫」，這樣寫也可以。

日記是回顧一天發生的事的紀錄，所以只寫一句也OK。

如此一來，就能累積「今天也做到了」的成就感。

想要養成習慣，總之，降低門檻是重點。

鍛鍊腹肌，不是「每天做三十下」，而是「每天做一下也OK」。

念書學習，不是「每天寫兩頁自修」，而是「每天寫一題也OK」。

想要慢跑，不是「每天跑三十分鐘」，而是「每天只要穿上慢跑鞋，走出家門就OK」。

先試著像這樣降低門檻；當然，如果你能夠按照理想做到，沒有比那更好的事了。

人類基本上是軟弱的生物，有時候怎麼也提不起幹勁，或是想睡得不得了。

那種時候，**認為「寫一行也OK」、「做一下也OK」，就會產生「能夠持續下去」的自我肯定感。**

重申一次，習慣形成重要的不是「持續什麼」，而是打造「能夠持續下去」的實際成績。

想要成功養成習慣，就要將**「實際成績重於理想」**當作口號。

習慣養成重點

DAY 019

人類是軟弱的生物，一開始先設定低門檻，先打造出「能夠持續下去」這種實際成績。

020

以「玩遊戲」的感覺去做

「全破」能夠產生動力

人只會自動持續令人愉快、雀躍的事，如果下一番工夫，盡量「享受」自己決定要做的事，習慣就比較容易持續下去。

為了「享受」而下的工夫之一是，「以玩遊戲的感覺去做」。**不要認為是「做自己決定的事」，若是認為「遊戲闖關」，持續的過程就會變得比較愉快**。

我持續「寄明信片給一個人一百天」這件事，也是以玩遊戲的感覺做到的。

我把它想成：**一天寄一張明信片，寄一百張之後，就抵達終點**。換句話說，就是「一天過一關，過了一百關之後，這個遊戲就全破了。」

寄一百張明信片給一個人之後，再寄一百張給下一個對象。像這樣設定，就能夠陸續以全破新遊戲的感覺，愉快地寫完一張又一張的明信片。

此外，我也會在明信片上標示流水號，看著號碼一號、一號增加，也會加強「遊戲過關」的感覺。

如果只是「寄明信片給照顧過自己的人」，難免偶爾心想：「今天好累，不想寫了」、「下次再寄就好了」而偷懶。

可是，只要運用一點小巧思，很容易就能獲得每天的成就感，一樣是「寄明信片」這種習慣，也變得格外容易持續下去。

習慣養成重點

DAY 020

下一點小工夫，像是標示流水號等，把「差事」變成「遊戲」。

021

建立機制

不依賴意志力和幹勁，打造能夠持續下去的環境

開始培養習慣時，一開始所有人都充滿「這次要持之以恆！」的熱情，問題是那持續不久。

如果沒有「我要做這件事」的熱情，就無法完成任何事，但**光憑熱情難以持續下去也是事實，因此重要的是「打造機制」**。

不要試圖想要藉由強韌的意志力和毅力，讓你的熱情持續下去，如果你學會打造能夠自然去做的機制，就能夠毫不勉強地養成習慣。

打造機制的方法有兩種，第一種是決定時間和地點。

光是決定「每天要做」，你有可能「今天很忙，沒時間」，「不小心

忘記了！」如果決定「何時」、「何處」要做，行動就會確實排入每天的生活之中。

舉例來說，如果你想要培養閱讀或念書的習慣，可以先設想各種時間點：

- 起床後，在書桌前。
- 在通勤電車上。
- 午休時，在吃完午餐之後。
- 睡前，在床上。

沒有哪個是正確答案，容易持續下去的情況因人而異，各不相同。所以，你可以在各種時間點嘗試看看，選擇你覺得最容易持續下去的地點和時間，那就是最適合你的「機制」。

第二種方法就是讓別人共同參與。如果向別人宣告：「我要做這件事」，或是將對別人做的事變成習慣，就非持續不可。

我「寄明信片給一個人一百天」，正是有別人共同參與的機制。

我會告訴我要寄明信片的對象：「接下來一百天，我要每天寄明信片給你，請記得收信。」

話都已經說了，就只能持續寄明信片。

讓別人共同參與的另一個好處是，對方會有反應。

我在開始這件事時，也曾在過程中因為沒有東西可寫，想說乾脆放棄算了。

當時，我不得已只好在明信片寫下：「想不到要寫什麼了！」結果對方說：「你好有趣！」，反應很好。

我學到一課，心想：「原來，這樣寫就行了？」於是，能夠繼續愉快地寫明信片下去。

一個人默默持續下去很難，如果和別人約定，或是別人有反應，都能夠促使你持續下去。

打造出適合自己的機制，不依賴強韌的意志力和毅力，所有人都能夠維持習慣。

習慣養成重點

DAY 021

打造自然想去做的機制，就能夠毫不勉強地養成習慣。

022

決定「前一個習慣」

想要養成早起的習慣，先決定「幾點睡覺」

習慣維持不了的人有一個共通點，那就是沒有意識到「前一個習慣」。

舉例來說，如果決定要「每天早上六點起床」，**大多數的人都會試圖持續早起，但其實忘了一件重要的事，那就是決定「幾點睡覺」。**

如果熬夜到三更半夜，或是一家接一家地喝到凌晨，隔天早上六點就不大可能起得來。

決定每天早上六點起床，也必須決定「晚上十二點睡覺」等的就寢時間，這就是「前一個習慣」。

此外，像是「若是要在晚上十一點睡覺，就要在十一點之前洗澡」，「要在十一點之前洗澡，就要在十點之前吃完晚餐」，「要在十點之前吃完晚餐，就要在九點之前回家」，如果總是決定好前一個習慣，每天早上六點起床的習慣，也會比較容易持續下去。

像這樣，**想要持續什麼，就要意識到它的前一個習慣**。

想將晨跑變成習慣，就要在枕邊準備慢跑服之後再睡覺。

想將在通勤電車上學英語變成習慣，就要將書本放入包包內。

想將回家後，準備證照考試變成習慣，就要將考試用書和筆記用品事先放在回家後馬上就會看見的地方。

決定好前一個習慣，後續的習慣也比較能夠順利執行。

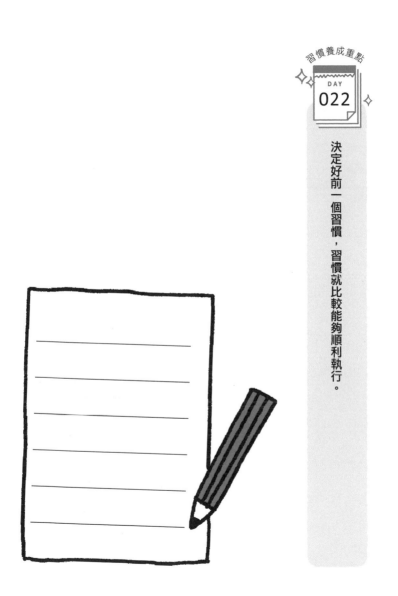

習慣養成重點

DAY 022

決定好前一個習慣，習慣就比較能夠順利執行。

023

用心行動

再怎麼好的習慣，若是草率地做，就會變成壞習慣

前文說過，再小的小事也無所謂，先將它變成習慣。

可是，**有一件事希望你銘記在心，那就是「用心行動」**。

即使決定「主動向同事打招呼」，如果只是如此，沒有任何標準，雙手插在口袋，只向擦身而過的對方說：「哈囉～」，也算是打了招呼，但你應該不是想要把這種打招呼的方式變成習慣。

即使是再好的習慣，如果隨便做一做，那個人的「本性」也會變得隨便。

如果覺得偷懶就好，偷懶就會變成那個人的「本性」。因此，我在

企業的新人研習中教導打招呼時，會如此教導：

「請先停在對方面前，看著對方的眼睛說：『早安！』」

這就是「用心行動」。

像這樣，**累積用心的行動，用心也會流露於你的人格和品性**。因此，在進行其他行動時，也會下意識地用心進行。

你或許認為，所有社會人士都知道如何打招呼，這是理所當然的事吧。

在你的經驗中，有多少人能夠確實做好這件理所當然的事呢？

尤其年紀愈大、職位愈高，愈是做不到理所當然的事。

「我比較年長，對方應該打招呼吧。」

「我是主管，同事應該打招呼吧。」

許多人如此認為。

但若是依照對象來區分自己要不要主動打招呼，那不會變成真正的習慣。

多用心做理所當然的事，取決於你的「本性」。

提升理所當然的標準、習慣的質量，能夠提升你本身的水準。

習慣養成重點

DAY 023

用心做理所當然的事，就能夠下意識用心行動。

024

不受挫的祕訣①

釐清你想要變成怎樣的自己

盡量許大願望

「受挫」是培養習慣最大的敵人。

從小習慣開始，持續了一陣子，時間一久很容易就覺得麻煩，或是感到厭倦，反覆同一件事變得令人討厭。

不論你想要養成什麼習慣，所有人都會經歷這種時期。

正因如此，為了不受挫，必須下一番工夫和巧思。

在接下來的五篇文章中，我會介紹祕訣。**第一個不受挫的祕訣就是：「釐清你想要變成怎樣的自己」。**

如果你想要成功維持減重的習慣，不是單純「想要變瘦」，請想像

「瘦下來，你會變成怎樣的自己」。

「想要變成能夠穿上喜歡的品牌的連身裙。」

「想要變成和男友去海邊時，能夠大方穿著泳裝，展現自己。」

「想要孩子可以向人炫耀：『我媽媽年輕又漂亮。』」

像這樣，**盡量具體勾勒畫面，達成目標的畫面愈是明確，會讓人產生幹勁，產生「自己做得到」的自我肯定感，變得不易受挫，這就是想像具有的力量。**

如果知道大腦的機制，就能夠理解想像具有多麼強大的力量。

人的大腦分成左腦和右腦，左腦進行邏輯性、分析性思考的同時，具有「思考過去」這種機能；另一方面，右腦勾勒感性圖像的同時，具有「思考未來」這種機能。

假如右腦完全不勾勒將來的畫面，人就會受到左腦的過去記憶所控制。

人的大腦記憶力強，鮮明地記得過去做不到的事。因此，不管你想要培養什麼新習慣，左腦的記憶也會認為「之前那麼努力都做不到」，

「這次也沒辦法」而扯後腿。

想要和它對抗，唯有透過右腦，確實勾勒未來的畫面。

心想：「我一定要變成這樣！」，堅定地想像自己所設定的目標，不被左腦的過去記憶牽著鼻子走，就會產生力量，相信未來的自己。

「想要變成……的自己」，其實就是你的「願望」。願望愈大，忍耐的力量也會變得愈強。

擁有「在甲子園奪冠」這種宏願的高中生們，因為想要實現願望，所以能夠忍受嚴格的訓練。

如果只是希望「在地區預賽的第一場比賽中獲勝就好」，就會認為「反正能在第一場比賽中獲勝就好，進行嚴格的訓練也只是浪費力氣」，無法忍受嚴格的訓練。

換句話說，**「願望的大小」＝「耐受量」**。因此，**想像要變成怎樣的自己時，大膽勾勒理想的身影很重要。**

千萬不要認為「現在的我處於這種狀態，就算改變，頂多也只是這種程度」，局限夢想。因為這會限縮你的願望大小，你的耐受量也會跟著減少。

總而言之，釐清你想要變成的身影，盡量許大願望，為了減少培養習慣受挫的機會，首先，請從這一點做做看。

習慣養成重點

DAY 024

盡量具體想像想要變成「怎樣的自己」。

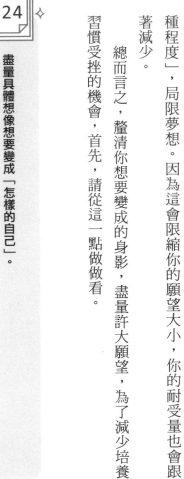

025

不受挫的祕訣②

檢視現在的自己（目前所在地）

不知道「目前所在地」，不可能抵達「目的地」

除了釐清**「想要變成怎樣的自己」＝「達成目標時的畫面」**，還有一件事希望你一併做到，那就是知道**「如今的自己」＝「目前所在地」**。

在汽車導航系統輸入目的地，沒有起點的話，汽車也無法起步。**唯有知道目前所在地，才知道接下來該走哪一條路才好。**

培養習慣也一樣，不知道自己目前處於怎樣的狀態，有哪些弱點和不足之處，就不知道為了達成目標，該怎麼努力才好。

如果沒有自覺到目的地和目前所在地有落差，可能就連想要努力都做不到。唯有知道目前所在地，才能釐清該往什麼正確的方向努力。

此外，知道目前所在地，就知道自己的「本性」。

如同第2章說過的，「習慣其實就是『本性』」，而別人仔細看著你在不經意的瞬間流露出「本性」。

一旦知道身旁的人如何看待自己，你一定也會加強「不能再這樣下去」，「想要改變自己」的想法。

有幾個方法可以幫助你知道「目前所在地」，其中之一就是：**盤點自己。**

首先，寫下你認為自己喜歡的事，例如：

- 喜歡自己的地方。
- 過去被別人誇獎過的事。
- 專長。
- 生活中重視的事。

接著，寫下你認為自己不喜歡的

事，例如：

- 討厭自己的地方。
- 想要改掉的毛病。
- 壞習慣。
- 常被身邊的人指摘的事。

請盡量寫下你喜歡和不喜歡的事，沒有要給別人看，所以不必裝模作樣。

想到什麼就寫什麼，坦然寫下你喜歡和不喜歡的事很重要。

像這樣，寫下來之後，就能看見「如今的自己」＝「目前所在地」。

我想，有很多事情一直以來你八成也隱約感覺到，但是像這樣清楚化為文字，應該能夠幫助你冷靜重新檢視自己的「本性」。

此外，知道「目前所在地」的另一個方法就是：**詢問別人。**

你可以利用機會問上司、同事、家人和朋友等：**「我是個怎樣的人？」**問十個人左右，你應該就會知道自己的「本性」，你在別人眼中是個怎樣的人。問別人或許需要勇氣，但是對於客觀檢視自己，是一個非常好的方法。

其中，你應該也會聽到令你覺得「我明明不是這樣，為什麼對方會這麼認為？」的答案。**無論你認不認同，都會有幫助你了解自己「本性」的重要線索。**

即使你並不這麼認為，但是對方卻如此作想，代表你養成了被人這麼認為的習慣。

知道這一點，就會知道該如何改變平常的行為和說話等習慣。

有一件事要特別說明，知道目前所在地之後，或許有人會認為：「原來，自己是這樣的人呀～」而情緒低落。

不必如此。一個人在知道現在的自己的當下，培養習慣就像成功了一半。

倘若不知道目前所在地，光靠毅力和熱情埋頭前進，也不可能抵達目的地。

就算再怎麼努力，也無法抵達終點，沒有比這更空虛的事了。

一旦釐清「想要變成怎樣的自己」（＝目的地），並且知道「如今的自己」（＝目前所在地），就能夠做出正確努力，一步步抵達終點。此外，會相信「努力一定能夠達成目標」，不容易在過程中受挫而放棄。

想要成功養成習慣，記得務必同時釐清「目的地」和「目前所在地」，兩者缺一不可。

習慣養成重點

DAY 025

確實檢視「如今的自己」，掌握「現在的你」和「想要變成的自己」之間的落差。

026

不受挫的祕訣③

思考「為了什麼？」

沒有目的無法持久

想要養成習慣，**請思考「你是為了什麼做那件事？」，那會成為維持習慣的強大原動力。**

在第1章，我介紹過「每天打十通業務開發電話」的習慣，結果那位男性變成超級銷售員。以他的情況來說，「為了家人」是他養成這個習慣的原動力。

業績不佳，收入也幾乎為零，「再這樣下去的話，家人無法生活」的想法驅動了他。

因為有「為了家人」這個目的，所以無論被拒絕幾次也不受挫，能夠不斷心想：「再打一通吧！」，就這樣持續打電話。

同樣在第1章介紹過的，40歲重返擂台的男性前職業拳擊手，是「為了履行和去世父親的約定」，至於持續向妻子表達感謝的男性，是「為了改善和家人的關係」，他們的目的都十分清楚。

也就是說，**只要釐清「為了什麼？」，行動就會產生**。

因此，無法成功維持減重這件事的人，說不定其實根本就不想減重。「朋友們都在減重，一般人也認為女性苗條一點比較好，所以我也想試一試。」

以這種動機開始減重的人，少了「為了什麼而做」的目的。若是重新思考，很可能會得出「現在的體型也沒什麼特別困擾的事，或許根本沒必要減重」的結論。

沒有目的的事，絕對不會持久。

想要維持習慣，必須問問自己：「為了什麼？」

習慣養成重點

DAY 026

「為了……」，是維持習慣的強大原動力。

027

不受挫的祕訣④

思考「想要讓誰高興？」

若是「為了誰」，也有助於克服阻礙

前一篇分享的不受挫祕訣是：思考「為了什麼？」。

當然，「為了自己」也不錯。

「想要通過證照考試，趕快合格，出人頭地。」

「想要養成鍛鍊肌肉的習慣，擁有良好的體態，聽到大家說我好帥。」

像這樣，**一開始是「為了自己」也無所謂，比起沒有目的，這會成為強大許多的原動力。**

不過，有一件事希望你能夠知道，那就是**如果目的是「為了誰」，我們通常就能更努力好幾倍。**

若是能夠清楚看見達成目標時，替自己高興的人的表情，我們通常就會鼓起幹勁。想要聽到他人道謝，就會變成不放棄的力量。

簡單的事，「為了自己」也能夠持續下去。可是，設定高標、要完成困難的事，光是「為了自己」很容易持續不了。

別人因為自己做那件事而高興，看見對方高興的表情，自己也會非常開心，這會成為我們最拚命的動力。

「想要通過證照考試，養成專業技能，幫助有困難的客戶。」

「想要養成鍛鍊肌肉的習慣，保持健康，為了家人的幸福工作。」

像這樣，找到「為了誰」的目的，縱然是相同的一件事，也會變得比較不容易受挫。因此，若要持續一件事，思考「為了讓誰高興」很重要。

駒大苫小牧高中在二〇〇四年夏季的甲子園，奪得北海道第一個冠軍，變成了大新聞。這個棒球社，引進了基於腦科學的心理訓練。

當時進行的是，賦予社員們「為了什麼打棒球？」的動機。

當然，社員們有「為了贏得比賽」，「為了打棒球變得更厲害」等目的，但那終究是「為了自己」。

於是，心理訓練的指導者，向社員們提出了這樣的目的：

「如果你們參加全日本大賽，這個苫小牧的小鎮，就會變得有活力。如果史上第一面冠軍旗幟渡過津輕海峽，整個北海道就會變得有活力。要不要以這個為目標？」

就這樣，**「為了小鎮」、「為了北海道」，變成了社員們的目的。**

結果，他們漂亮地把冠軍旗幟帶回北海道。

其實，聽說社員、家長和教職員們，一開始都抱持著「在甲子園奪冠，就像在作夢一樣，不要奢望。請在地區預賽努力獲勝！」的保守態度。

不過，在重新設定「為了讓當地變得有活力」這個目的的當下，社員們主動說出：「奪下全日本冠軍吧！」，身邊的人也開始替他們加油。

社員們為了成為全日本第一，辛苦持續必要的質與量的訓練。

若只是「為了自己」的夢想，應該無法持續這麼嚴格的訓練，有社員受挫也不足為奇。

然而，社員們沒有受挫，達成了目標。

「為了自己」的夢想，可能讓人提早碰壁，但是「為了誰」的夢想，會成為超越極限的力量。駒大苫小牧高中的案例證明了這一點。

如果有些人只能找到「為了自己」的目的，那就要試著努力提升觀點。

「觀點」指的是，看待事物時的位置。

愈是提升觀點，愈能夠看見廣闊的範圍。

我想，若是想像從大樓一樓眺望窗外，以及從大樓十樓眺望窗外，兩者所看見的風景差異，就很容易明白。

從大樓一樓往外看，看見的頂多是從前方道路走過的人。可是，從大樓的十樓眺望窗外，能夠同時看到好幾個街區的景緻。

如果是東京晴空塔的觀景台，就能夠環視整個東京。

若是在飛機上，就能夠環視關東一帶；若是在太空站，就能夠放眼整個地球。

總之，**愈是提升觀點，愈能理解自己所屬的世界有多麼遼闊。**

只有「為了自己」的目的的人，處於觀點低的狀態，眼裡只有自己。

只要稍微提升觀點，就會察覺到自己是在「家庭」裡。再稍微提升觀點，就會察覺到自己是在「公司」、「學校」和「團隊」裡。

更上層樓，就會察覺到自己是在「小鎮」、「地區」和「業界」等更寬廣的世界裡。

再提升一個層次，就會察覺到自己是在「日本」裡；再提升一個層次，就會察覺到自己是在「世界」裡。

能夠認知到自己隸屬於特定群體，往往就會產生想要為了自己置身的地方做點什麼的心情。

駒大苫小牧高中棒球社的社員們，一開始也只看見自己。

可是，提升觀點，自覺到身為當地一分子之後，萌生了「想要讓當地的人們高興」的心情。

想要提升你的觀點，你可以試著寫下「我是……。」請以二十個以上為目標，寫下所有你想得到的角色，例如：「我是男人」，「我是父親」，「我是……公司的員工」，「我是……人」等。

釐清你是誰，就能夠認知到你隸屬於哪裡，肩負著哪種職責。這應該會成為契機，讓你開始思考「為了自己隸屬的群體和身邊的人們，我可以做什麼事？」

習慣養成重點

DAY 027

如果目的是「為了誰」，就會變得容易持續好幾倍。

028

不受挫的祕訣⑤ 「必須……」是禁語

務必重視「想要做」、「不想做」的情緒

習慣是否能夠持續下去，決取於「好惡」，第2章已經清楚說明過了。

若是喜歡的事物，自然就容易持續下去；若是討厭的事物，很容易就持續不了。

大腦的機制非常簡單，因此**若不想在培養習慣的過程中受挫，請務必重視「想要做」或「不想做」的情緒**。若是心想「想要……」，大腦就會感到雀躍，能夠愉快地持續下去。

若是心想「不想……」，大腦就會因為討厭，試圖避開這件事。

因此，坦然面對自己「好惡」的情緒，持續自己覺得想要做的事情

即可。

我們下意識囿於「必須……」的想法，比方說：

因為正在減重，必須避免吃甜食。

因為決定寫日記，每天必須寫一頁。

慢跑每天必須跑三十分鐘。

像這樣，**用「必須……」這種規定來束縛自己，這正是受挫的原因。**

愈是認為「必須……」，人就會愈感覺到壓力，下意識想要發洩。為了避開壓力，大腦會發出「追求欲望！」的訊號。於是，你認為會發生什麼事？

會變成這樣：

「減重這件事有壓力，起碼今天

要盡情吃甜食！」

若是認為「必須……」，勉強自己做其實不想做的事情，很容易就會招致反效果。

想要維持習慣，請重視「想要……」這種令人雀躍的期待。

這和在不受挫的祕訣①介紹過的「釐清想要變成怎樣的自己」，有著異曲同工之妙。

「減重之後，想要穿上喜歡的品牌的連身裙。」

「減重之後，想要和男友去海邊，大方穿著泳裝，展現自己。」

像這樣，**聚焦於你覺得「想要……」的事情，大腦就會採取行動，達成目標。**

就算不刻意告訴自己：「必須戒掉甜食」，大腦也會自然避開妨礙減重的行為。

為了避免你在養成習慣的過程中受挫，請正視自己心中「想要……」的情緒。

習慣養成重點

DAY 028

比起「必須……」，思考「想要……。」

029

惡魔的呢喃——「試煉魔」找上門

了解自己「本性」的大好機會

開始培養習慣了之後，過了一、兩週，心想「差不多變成習慣了吧」，有一種東西會找上門。

「做這種事，有什麼用？」

「現在不做，也不會怎麼樣吧～」

「工作變得忙碌起來，差不多該休息一下了吧？」

這種惡魔的呢喃，一定會掠過腦海，我稱為「試煉魔」。

試煉魔的真面目，就是你的「本性」。

你的「本性」，是由過去累積的習慣所打造而成的，它會提出「你真的認為能夠變成理想的自己嗎？」這種問題來考驗你。

遇見試煉魔，絕對會有收穫。

因為試煉魔說出的呢喃，會讓你知道自己至今如何生活。

若是試煉魔呢喃：「現在不做，也不會怎麼樣」，就代表至今的你，可能有凡事拖延的毛病。

若是試煉魔呢喃：「因為工作忙碌……」，就代表至今的你，很容易以工作忙碌為藉口。

試煉魔是了解至今的自己的機會，如果試煉魔找上門，請務必回顧開始培養習慣之後的自己。

若是持續了兩週，光是回顧那段期間的行動和想法，也會大有斬獲。

有的人只是默默持續決定要做的事。

有的人儘管姑且維持習慣，但是草

率地進行每一個行動。

有的人從第三、四天開始，就認為：「這種事是在浪費時間。」

縱然持續同一件事兩週，感想應該因人而異，有各種模式。

這兩週的行動和想法，正是你至今的人生縮圖。

試煉魔令人困擾，有時候說不定會被它的呢喃迷惑，險些中斷而受挫。

但是，請認為：**在這種時候，正是了解自己「本性」的大好機會。**

如果認為它會幫助你知道自己目前的所在地，應該就會認為試煉魔也沒那麼壞。

習慣養成重點

DAY 029

「試煉魔」的出現，是了解自己本性的大好機會，請趁機回顧自己通常是怎麼想的、會採取哪些行動。

030

製作藉口清單

把藉口寫在紙上，再逐一減少

「藉口」和試煉魔一樣，是令習慣形成半途而廢的心魔。

「今天好冷～所以慢跑休息吧！」

「昨晚聚餐喝到好晚，今天睡晚一點吧。」

「被主管罵了，再也不想向那個人打招呼。」

應該有許多人像這樣找藉口，放棄原本要培養的習慣。

話雖如此，所有人都會忍不住找藉口，應該沒有人「一生中，從來沒有找過藉口。」

所以，我不會告訴各位：「別找藉口！」若是心想：「不能找藉口」，就會陷入「必須……」的思考模式，只會累積更多壓力。

相對地，**有一件事希望你務必做做看，那就是製作「藉口清單」**。

請回想自己常常脫口而出的藉口、至今找過的藉口，全部寫在紙上。然後，**將這張清單貼在醒目的地方，無論是房間牆壁、辦公室的桌子上，或是記事本都無妨**。

將藉口清單貼在一天會看到好幾次的地方，就能夠確認「今天也說了這種話」，同時能夠強烈意識到「明天不要再找這種藉口」。

即使忍不住說出藉口，如果平常能夠意識到，就會馬上察覺，所以也能夠對別人說：「非常抱歉，剛才那句話是藉口。我會好好準備，下次不找藉口」，當場修正。

在反覆這麼做的過程中，藉口應該會確實減少。

如果覺得「再也不會說這種話」了，就畫線一一刪除。看見藉口逐漸減少，會令人相當

藉口清單
◎ 被主管罵了，再也不想向那個人打招呼。
◎ 今天好冷，慢跑休息吧！
◎ 昨晚聚餐喝到好晚，今天睡晚一點吧。

愉快。

我從將近三十年前起，就製作藉口清單。一開始寫下時，我的藉口竟然多達四百個，可見我是個多麼愛找藉口的人。

當時，我是在公司上班的主管，所以把藉口清單貼在辦公室，拜託同事：「假如我說出這些藉口，請提醒我『剛才那是藉口。』」

於是，我在每天意識到自己常找的藉口中，逐漸減少藉口的數量。

當然，如今我也不是完全不會找藉口；儘管如此，我經常意識到自己在找藉口，所以能夠擺脫一堆無用的藉口。

習慣養成重點

DAY 030

將所有藉口寫在紙上，有意識地減少。

031

三天打魚，兩天晒網也可以！

不是「只」持續了三天，而是「竟然」持續了三天

在這一章，我介紹了習慣形成的具體方法，即使掌握了這些祕訣和重點，應該還是有怎樣也維持不了的事。

儘管三天就結束了，也不必責備自己。若是試著培養一個習慣而受挫，只要設定下一個習慣即可。

持續不了，純粹只是不適合而已，若是其他習慣，很可能就會持續下去。

再說，「持續三天而受挫」這種經驗本身，會成為珍貴的學習。

如果能夠分析「為何持續不了」，「下次該怎麼做才會持續」，就會

變成幫助維持下一個習慣的有用資料。

如果基於這些資料開始新的習慣，持之以恆，上次的挫折就不算失敗。包含挫折在內，一切都會變成好的經驗。

在持續之前，一再重新來過，「失敗」這兩個字，就會從人生中消失。若是失敗了，就是不要再挑戰的時候。

「三天打魚，兩天晒網又如何？重新來過就好。」如果能夠這樣思考，永遠都能開始新的習慣。

再說，三天打魚，兩天晒網不是「只」持續了三天，而是「竟然」持續了三天。

光是如此，就足以誇獎自己了，不是嗎？

縱然一度放棄，經常想再「做做看」。儘管持續三天，接下來的兩天休息，若是從第六天再度開始，那也是漂亮的實際成績。

當然，如果能夠毫不休息一直持續下去，那是最好。但是，就算走走停停，也總比什麼都不做前進個一、兩步。

夾雜休息的持續，難度應該比較高。就像打響板一樣，採取「打、打、停、打、打、停」這種節奏，會比一直持續打困難。

就算是走走停停，如果能夠持續，請不要客氣，好好地誇獎自己一番。

再說，如果有持續了三天的實際成績，就會增添「如果我肯做，就做得到」的自信。

能夠認為「上次減重在三天內減少了一公斤，如果持續一個月，減少三公斤應該是小Case」，那就太好了。只要擁有這股自信，遇見「這次真的想要減重」的場合，就會覺得「自己如果肯做，就做得到。」

三天打魚，兩天晒網的經驗，會在心中變成習慣形成的開關。

因此，不要害怕三天打魚，兩天晒網，請不斷地開始新的習慣。

習慣養成重點

DAY 031

不要害怕三天打魚，兩天晒網，要不斷挑戰。

032

超越「成功分歧點」，就會更接近理想的自己

辛勤持續下去，有一天會一口氣開始成長

我舉辦習慣形成的研習課程和座談會，經常被問到一個問題，那就是：「要持續多久，才能夠變成理想的自己？」

對於這個問題，我總是如此回答：「因人而異。」

這個回答看似不負責任，但是事實。**持續習慣的時間和自己的成長程度，絕對不呈正比。**

開始的初期，經常有一段不管怎麼做，都無法切身感覺到成長的時期。或者，打從一開始就有成長的感覺，但是在過程中，有一段時間感覺停止成長。

那種時候，試煉魔會找上門。

「持續這種事也沒有用。」

「你根本無法變成理想的自己。」

它會呢喃這種話。

要是真的放棄，就會停止成長，永遠無法變成理想的自己。

若是「為了什麼？」這種目的明確，心裡想著「我想要完成，讓……高興」，就能相信自己的成長，持續做下去。

有時候，**你會突然切身感覺到「自己成長了！」，這稱為「成功分歧點」**。

你是否曾經聽過，在學英語的過程中，有人明明一開始完全聽不懂英語母語人士的發音，努力持續聽了幾個月，在某個時間點，突然聽懂了英語母語人士在說什麼。

和這一樣的現象，會在任何習慣形成中發生。

若是將成長程度製作成圖表，感覺就是從成功分歧點之後，一口氣以銳曲線急速攀升。**超越這個分岐點，就會接近理想的自己**。或者不久之後，你應該會遇見感覺變成理想的自己的時候。

希望你別忘記，**在遇見成功分岐點之前，可能會有一段你無法切身感覺到自己成長的時期**。

儘管如此，還是持續努力下去的人，才能夠成為理想的自己。

所謂「習慣」，可能不會馬上出現結果，但是持續下去，你會確實更接近理想的自己。

相信習慣具有的力量，你會變成想要變成的自己，度過理想的人生。

習慣養成重點

DAY 032

在「成功分岐點」來臨之前，要相信習慣具有的力量，持之以恆。

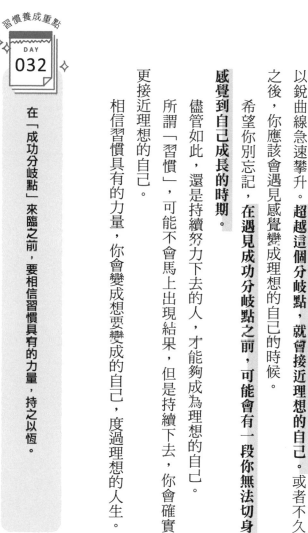

第4章

運用大腦的力量，讓習慣變成超強力

033

持久的習慣，要像這樣打造

熟知「接收習慣」、「語言習慣」、「思考習慣」、「行動習慣」等各個作用

大腦和習慣養成息息相關，前文介紹過：

- 大腦覺得愉快的事容易持續下去，無法感到愉快的事持續不久。
- 大腦會依過去的記憶，對於判斷為「愉快」的事，引發趨近反應；對於判斷為「不愉快」的事，引發趨避反應。
- 運用右腦描繪將來的畫面，就不會被左腦的過去記憶牽著鼻子走，能夠稍微忍耐，比較容易持久。

巧妙運用大腦的這些特性，是成功養成習慣的訣竅。

在這一章，讓我們更深入大腦和習慣形成的關係，善用腦科學知

識，打造不受挫的習慣。

首先，必須知道「習慣」有幾個種類。被統稱為「習慣」的事物，正確來說，是由下列四個連續的習慣所構成。

- **接收習慣（如何輸入）**：知道、聽取、感受、觀察來自五感的資訊。
- **語言習慣（如何變成語言）**：將輸入的畫面轉換成語言。
- **思考習慣（如何思考）**：基於語言思考。
- **行動習慣（如何行動）**：將想法付諸行動。

此外，在「思考習慣」中，包含**「確信習慣」（能否確信）**、**「錯覺習慣」（好的認定／壞的認定）**。

絕大多數的人統稱為「習慣」的事物，屬於四個習慣中的「行動習慣」。

早起、將鞋子擺整齊、寫日記等習慣，全部都是「如何行動」。但其實，在變成行動顯現之前，經過了「如何輸入」、「如何變成語言」、「如何思考」這幾個過程。

因此，**若要改變「行動習慣」，在此之前，必須改變「接收習慣」、「語言習慣」、「思考習慣」。**

再者，**透過「錯覺習慣」，利用認定的力量，養成「我做得到！」這種「確信習慣」，就能夠打造強力的「行動習慣」。**

如果沒有意識到這些習慣，行動習慣不容易持久，也比較容易受挫。

當然，也有「從行動習慣改變」的方法，第3章介紹過的「首先，從小習慣開始」，就是這種做法。

不過，在這種情況下，若不經歷這些過程：

「透過行動，耳聞目睹或感受到了什麼」（接收習慣）

「將透過行動輸入的事，在腦中變成語言，或者轉換成哪種用語說出口」（語言習慣）

「行動之後，想法如何改變」（思考習慣）

而是先展開行動，也無法讓行動持久。

如何打造「接收習慣」、「語言習慣」、「思考習慣」，和大腦的特性密不可分。

首先，請確實理解這一點。

習慣養成重點

DAY 033

改變「行動習慣」之前，要先改變「接收習慣」、「語言習慣」、「思考習慣」。

034

變成習慣的關鍵，在於大腦的速度！

從「接受」到「思考」，只要〇．五秒

前文說明了在變成行動顯現之前，經過「接收習慣」↓「語言習慣」↓「思考習慣」這幾個過程。

那麼，你認為從接收之後到形成想法，需要多少時間？

竟然只要〇．五秒。

從五感接收到資訊，〇．一秒後就會到達大腦的新皮質，這裡稱為「知性腦」，負責認知事物的任務。第3章說過的「右腦／左腦」，指的就是這個部位。

舉例來說，戶外下雨的話，嘩啦啦這種聲音輸入大腦，瞬間認知到

「下雨了」。

接著，認知的結果到達大腦的邊緣系統，這裡稱為「情緒腦」，負責判斷喜怒哀樂的任務。第2章說過的「杏仁核」，屬於這裡的一部分。

情緒腦以〇・四秒的速度，搜尋過去的記憶，判斷輸入的資料具有哪種意義。在接收的〇・五秒後，杏仁核會判斷「愉快」或「不愉快」，形成好惡的想法。

若是認知到下雨，從過去淋成落湯雞的記憶判斷，心想：「下雨好冷，令人鬱悶，所以討厭。」

也就是說，**我們的大腦會「以〇・一秒認知，以〇・四秒比對資料，以〇・五秒下結論」，以驚人的速度產生想法**。

習慣養成重點

DAY 034

大腦會以〇・五秒的速度決定好惡。

035

人的大腦在一瞬間，完成負面想法

被負面想法侵蝕的人，等在前方的是「挫折」

有一個比較麻煩的人問題，那就是**在大腦搜尋的過去記憶中，累積了許多負面資料，數量大於正面資料**。

如同在第2章解說的，人的大腦具有這種特性：愈是負面的情緒，愈容易記得。因此，杏仁核在判斷「愉快」或「不愉快」時，只會搜尋負面記憶。

若要舉例，請想像我們的大腦，有個巨大的衣櫃，上層的抽屜收納著負面記憶，下層的抽屜收納著正面記憶。

負面記憶遠遠多於正面記憶，若是從上而下，依序打開抽屜，只會翻出負面記憶，遲遲找不到位於下層的正面記憶。

因此，在搜尋過去的記憶時，會拖出大量的負面記憶。結果，杏仁核在大部分的情況下，傾向判斷為「不愉快」，產生「做不到」、「沒辦法」的負面想法。

而且，產生負面想法的時間只要〇・五秒，短短一瞬間。因此，**若是毫無意識到，我們就無法停止負面想法。**

基於負面想法行動，無法完成事情。認為「我做不到」的人，就會往做不到的方向行動。

培養新習慣之所以容易受挫，是因為人的大腦會持續產生消極的想法。

習慣養成重點

DAY 035

下意識採取行動，自然容易陷入負面想法。

036

增加「積極輸出」，正面強化大腦

比起「輸入」，大腦更相信「輸出」

我們是否無法將想法和行動轉變為正面呢？當然沒有這回事。只要善用大腦的另一個特性，就能夠做到這一點——比起「輸入」，大腦更相信「輸出」。

將想法和畫面「輸入」大腦，就會變成用語、動作和表情「輸出」。輸入「我做不到」、「我不想做」這種消極的想法，就會變成「反正沒辦法」、「反正不行」這種用語，以及消沉的動作和沉悶的表情輸出。

如果是因為無法停止負面想法，所以進行消極的「輸入」，那也是無可奈何的事。不過，**我們並非束手無策，可以改變「輸出」**。

縱然無法改變想法，但是我們能夠改變用語、動作和表情。

假設上司指派給你困難的工作，此時請看開一點，想著：「瞬間認為『自己做不到』是無可奈何的事。」但不要將想法說出來，**就算是口是心非也好，請說：「好，我做做看。」**

如同先前說的，比起「輸入」，大腦更相信「輸出」。因此，比起「我做不到」這種想法，會坦然相信「做做看」這種用語，設法從過去的資料中，尋找和「做做看」有關的記憶。

如果找到「曾經完成類似的工作」，「曾經用這種方法達成目標」的資料，就算是困難的工作，大腦也會認為「做做看吧！」

而且，大腦具有經由「輸入」和「輸出」的循環而強化的機制。**縱使輸入負面資訊，如果在輸出階段切換成正面，大腦就會反覆「輸出↓輸入↓輸出」，正面強化。**

因此，如果將用語、動作和表情轉變為正面，反覆這麼做，無論是哪種場景，都會變成認為「自己做得到！」、「再做做看」的大腦。

「接收習慣」不只是單純地「輸入什麼」，「輸入之後，如何輸出」，也是其中一種形式。

想要養成良好的習慣，首先，從妥善掌握大腦的輸入和輸出的關係，改變接收習慣開始。

習慣養成重點

DAY 036

縱使口是心非也好，試著說：「好，我做做看。」

037

打造「固定台詞」，瞬間輸出

〇・二秒完成行動，不讓大腦搜尋負面記憶

為了改變輸出，有件事希望你能夠記住，那就是學會「瞬間輸出」。

上司交辦工作，請立刻回應：「好，我做做看」，不能思考「該怎麼回答才好。」

因為一旦經過〇・五秒，負面想法就形成了。

如同前述，大腦會以〇・一秒認知資訊，以〇・四秒判斷好惡；也就是說，**一旦超過〇・一秒，大腦就會開始搜尋過去的負面記憶。**

因此，重要的是，**在那之前說出：「好，我做做看。」**

如果在輸入後的〇・二秒輸出，就不會讓大腦有時間搜尋過去的記

憶。也就是說，改變「語言習慣」，最後「接收習慣」也會改變。

話雖如此，若是毫無意識到，應該很難以〇．二秒輸出。因此，**我建議你打造「固定台詞」，事先決定要說出哪些話，就能瞬間輸出。**

前文舉例的：「好，我做做看」，是建議的固定台詞。

上司交辦工作，就說：「好，我做做看。」

被指派為組長，就說：「好，我做做看。」

在課堂上，老師問：「誰會解這一題？」，就說：「有，我試試看。」

像這樣，它是在任何場景都能夠使用的萬用句。

重點不是「做得到」，而是始終採取「做做看」的說法。「做做看」意謂挑戰，即使在過程中遇到不懂的事，或是有獨力做不到的事，也不算撒謊。只要請教上司工作的做法，或是向小組成員尋求協助就可以了。

再說，你交辦工作給別人時，假如有人馬上說：「好，我做做看」，有人說：「我辦不到」，你會對哪種人抱持好感呢？

肯定是前者吧。

「好，我做做看」也是提高別人對你的評價，讓你受歡迎的有力台詞。

當然，**其他台詞也可以是「機會來了！」、「真幸運」、「輪到我出場了」等，只要能夠讓你打起精神，什麼都可以**。

把它們當作固定台詞，大腦就會乖乖相信：「機會來了」、「這是幸運的事」、「輪到我出場了！」

如果不小心脫口而出消極用語時，要馬上接著說：「正因為這樣……」，例如：「那種困難的工作，我辦不到……正因為這樣，我做做看吧！」如此一來，就能瞬間轉換成正面輸出了。

為了打造固定台詞，我也建議你製作「口頭禪表」，像是「早上起床時，說……」，「開始工作前，說……」，「回家之後，說……」，「睡覺前，說……」等，預想一天內的各種場景，將要說出哪些話寫在紙上。

像這樣決定使用的言語，每天實際說出口，大腦會被洗腦，不斷地正面強化。

事先決定用語，立刻說出口，這就是改變接收習慣的祕訣。

習慣養成重點
DAY 037

每天說出「固定台詞」，大腦會被洗腦，不斷地正面強化。

038

改變用語，轉換「愉快／不愉快」

「學習」→「自我提升」，「蛋糕」→「一堆脂肪」

另一個透過語言習慣，改變接收習慣的方法，就是「改變言語的意思」。

前文說過，大腦對於杏仁核判斷為「愉快」的事，會引發趨近反應；對於杏仁核判斷為「不愉快」的事，會採取趨避反應。

也就是說，明明想要持續卻持續不了的習慣，是大腦引發「趨避反應」的結果；想要戒掉卻戒不掉的習慣，是大腦引發「趨近反應」的結果。

這代表**如果能夠更換「趨避反應」和「趨近反應」，想要維持的習慣就比較容易持續下去，想要戒掉的習慣就能夠成功戒掉。**

改變言語的意思，可以做到這一點。

舉例來說，若是輸入「學習」這種用語，大腦就會從過去的記憶中，找出「學習很痛苦」這種資料，判斷為「學習不愉快」。

若是將用語從「學習」，改變成「自我提升」如何？

就算討厭學習，應該不大有人會討厭自我提升。因此，不是「從現在開始學習」，而是「從現在開始自我提升」，說出口，大腦就會引發「趨近反應」，產生學習的意願。

相對地，若是輸入「蛋糕」這種用語，大腦就會從過去的記憶中，找出「蛋糕很好吃」的資料，判斷為「吃蛋糕很愉快」。

但是，假如這個人想要減重，吃蛋糕恐怕弊大於利。

將用語從「蛋糕」改成「一堆脂

肪」，就算喜歡吃蛋糕，應該沒有人喜歡吃一堆脂肪。

因此，不是說「我現在要吃蛋糕」，而是「我現在要吃一堆脂肪」，說出口，大腦就會引發「趨避反應」，有助於少吃甜食。

改變言語，大腦就會乖乖受騙。如果你有想要更換「趨避反應」和「趨近反應」的事，不妨運用心思，試著換成別的巧妙用語。

習慣養成重點

DAY 038

試著說：「從現在開始，我要自我提升」，而不是「從現在開始，我要學習。」

039

用「固定姿勢」和「擠出笑容」，強化正面感受

比出「勝利姿勢」、「嘴角上揚」，欺騙大腦

除了用語，動作和表情也是輸出，因此正向改變動作和表情，也有助於打造好的接收習慣。

和固定台詞一樣，打造「固定姿勢」也很有效。舉例來說，勝利姿勢就是非常好的固定姿勢，請你也試著做出勝利姿勢。

若是用力握緊拳頭，應該無法認為「我辦不到」、「我不行」，「太好了！」、「好，我做做看！」這種用語，應該會自然浮現在腦海中，甚至脫口而出。

因此，**如果事先決定無論發生什麼事，都做出勝利姿勢，大腦也會**

相信該輸出，形成正面想法。

運動選手之所以在比賽時，屢屢做出勝利姿勢，從大腦的機制來說是合理的。

相反地，若是垂頭喪氣，或者雙手抱頭，就會變成負面輸出。在採取這些姿勢的瞬間，大腦會深信「已經不行了」、「自己辦不到」。

二〇一八年的世界盃足球賽十六強賽，日本和比利時對戰，儘管領先兩分，但是在比賽即將結束時，被比利時連得三分，吞下了被逆轉勝的敗仗。

在被比利時奪得第一分的當下，日本選手們拍手，或者互拍彼此的肩膀，進行正面輸出，表示「仍大有可為」。

但是，在被奪得第二分時，大部分的選手垂頭喪氣，或者雙手抱頭，進行了負面輸出。

結果，選手們的動作明顯變得遲鈍，看得出來踢球也變得消極。最後，被奪得第三分，將勝利拱手讓人。

如果被得第二分時，也拍手或做出勝利姿勢，大腦應該就會深信「仍大有可為」。

重要的是，即使事情進展不順利，也要做出將大腦引導至正面的固定姿勢，藉此促使大腦產生正面想法。

大聯盟的鈴木一朗在進入打擊區時，總會做相同的動作，那是他獨一無二的固定姿勢。

棒球是再優秀的選手，十次也會失敗七次的運動。縱使是打擊率在三成以上的優秀打者，被三振或擊出滾地球遭到刺殺，遠遠多於擊出安打。

然而，鈴木一朗無論擊出安打或被三振，在下一次輪到他上場打擊時，一定重複相同

的固定姿勢。

即使上一次打擊時被三振出局，但採取和擊出安打時一模一樣的姿勢，大腦就會認定「上一次打擊時，一定擊出了安打」，於是產生「這次也能擊出安打！」的正面想法。

上班族也可以打造「每次上廁所休息，小小地比個YA！」的固定姿勢，回到座位之後，應該就能全力以赴。

此外，**表情也要記得進行正面輸出，要做的事很簡單，嘴角總是上揚即可**。

好事發生時，嘴角會上揚。心裡感到「開心」、「高興」、「美味」等情緒時，人自然會嘴角上揚，露出笑容。

因此，就算沒有高興的事，**如果刻意嘴角上揚，大腦就會認定「發生了什麼好事」**。

表情肌和大腦直接連結，所以就算是「擠出」笑容，大腦也會乖乖被騙。

痛苦時和無聊時，更要揚起嘴角，養成將大腦引導至正面想法的習慣。

習慣養成重點

DAY 039

無論發生什麼事，都固定做出「勝利姿勢」、「擠出笑容」。

040

正面輸出的獨家方法

透過「喜、樂、幸」的訓練，「理所當然」變成「令人感謝」

即使要你改變接收習慣，應該還是有人一開始總免不了被大腦拖出過去的負面資料，遲遲無法改變用語和動作。

我有一個獨家方法，要推薦給這些人，那就是**寫下每天感到的喜悅、歡樂和幸福感**。

「書寫」這個動作也是輸出，每天持續就會變成強化輸出的訓練。

具體而言，**請回顧一天發生的事，寫下「通勤途中的喜悅」、「職場上的歡樂」、「家庭的幸福」這三項，再小的小事也無所謂**。

請聚焦於日常中的「好事」，例如：

「通勤途中的喜悅」

- 電車準時來了。
- 車站月台很乾淨，看了心情好。
- 前往公司的路上，看見漂亮的花開了。

「職場上的歡樂」

- 所有小組成員今天都精神抖擻地來上班。
- 我帶的出差伴手禮，大家都很喜歡。
- 有人把我的辦公桌擦得很乾淨。

「家庭的幸福」

- 回家之後，洗澡水放好了。
- 晚餐是我愛吃的菜。
- 孩子的睡臉很可愛。

如何？即使認為「今天沒有什麼好事」，若是重新回顧，應該也能夠意識到有許多喜悅和幸福。

每天持續寫，就能夠鍛鍊出從任何事情發現正面的力量。

持續這項練習的好處是，能夠理解「這世上沒有任何理所當然的事」。至今認為「電車準時來是理所當然」，「車站乾淨是理所當然」的人，也會意識到「電車之所以準時來，是因為沒有發生事故和問題」，「車站之所以乾淨，是因為有人打掃。」

認為「部屬來公司是理所當然」，「回家之後，晚餐煮好了，是理所當然」的人，也會心想「幸好，沒有人因為生病或意外請假」，「謝謝老婆替我準備晚餐」，能夠時常心懷感謝。

也就是說，**能夠切身感覺到至今認為理所當然的事，其實是多麼幸福的事。於是，正面的資訊會被輸入大腦。**

最後，**連使用負面用語和採取負面行動的人，持續「正面輸出↓正面輸入」這種循環，也能夠確實改變接收習慣。**

習慣養成重點

DAY 040

每天試著寫下「通勤途中的喜悅」、「職場上的歡樂」、「家庭的幸福」。

041

「清空」──讓負面思緒從大腦消失！

在睡前十分鐘進行，隔天早上就能美好地展開

就算知道要正面輸出，應該也有「今天實在是提不起勁來」，「心情焦慮，根本擠不出笑容」的日子。

因為是人，總會有被負面情緒牽著鼻子走的時候，這也是無可奈何的事。

重要的是，不要把它帶到隔天，因此我想要建議的是「清空」。

如同字面上的意思，就是清除當日的情緒，不要讓大腦因為煩惱和鬱悶一直糾結，設法在當日內就讓大腦感到暢快。

要做的事情很簡單，只要在睡前，寫出下列三項即可。

（1）今天的優點。
（2）今天應該改善的點。
（3）隔天的對策和決心。

第三項「隔天的對策和決心」，請堅定地寫下「要做……」，而不是「想做……。」

藉由「清空」，在聚焦優點的同時，養成思考如何改善缺點的習慣。若是光反省「今天諸事不順」就結束，就會陷入「自己沒用」的負面想法。

如果知道「該怎麼改善才好」，就能將「明天這麼做」的決心化為語言文字，進行正面輸出。

想要改變接收習慣，需要的是「分析」，而不是「反省」。

這裡的重點是，**愈是處於負面情緒時，愈要寫下許多「優點」；愈是處於正面情緒時，愈要寫下許多「應該改善的點」。**

若是運動選手，「在重要場合犯錯」這種日子，尋找許多優點就很重要。除非刻意尋找優點，否則大腦就會被「犯錯」這種過去的記憶所控制。

如果能夠找出「犯錯，是因為腳動不了」，釐清應該改善的點，寫下「明天比隊友更早到會場，花時間伸展」這種對策和決心，隔天就能積極採取行動。

相反地，「因為自己大顯身手而贏得比賽」這種日子，請盡量寫下許多可以改善的點。

縱然贏得比賽，一定還有很多事可以做得更好，若是沒有思考這一點，只是心想：「今天贏了，真好！」就結束了，說不定明天就會犯錯或出紕漏。

為了不受過去記憶影響，穩定地度過每一天，不管當日如何，同時思考優點和應該改善的點很重要。

此外，**「清空」一定要在睡前進行，因為睡前十分鐘，是大腦的黃金時間。**

我們的大腦在睡覺期間，會像錄影帶一樣，將一天的記憶倒帶，隔天早上醒來之後，開始播放。

若是懷著不悅的心情入睡，隔天也會心情不悅地開始。如果在睡前，寫下「明天要比所有人更早進入會場做伸展」，隔天早上起床之後，馬上就能心想：「我要比所有人早一點進入會場做伸展！」，按照計畫採取行動。

所以，請務必在你心情混亂的日子，試著在睡前十分鐘，將大腦清空。在反覆正面輸出的過程中，你應該能夠切身感覺到接受習慣逐漸改變。

習慣養成重點

DAY 041

愈糟的日子，愈要尋找優點；愈好的日子，愈要尋求應該改善的課題。

042

提升大腦的雀躍感，習慣就會變得更加穩固

勾勒夢想，打從內心雀躍起來

習慣持續與否，取決於大腦的「好惡」。在本書，反覆說明了這一點。大腦感到愉快的事情容易持續下去，感到不愉快的事情持續不久。既然如此，要打造讓大腦感到雀躍的思考習慣。

要令大腦雀躍很簡單，勾勒令大腦雀躍的夢想即可。

如同在第3章說的，為了避免受到左腦的過去記憶控制，必須以右腦描繪未來的畫面。

人的大腦若是置之不理，就會搜尋過去的負面記憶，心想：「不可能做得到」，「頂多就是這樣了」，畫地自限。

也就是說，過去經驗打造的消極思考習慣，會替下一個步驟——「行動習慣」踩剎車。如果能夠想像令大腦雀躍的未來畫面，大腦的剎車就會鬆開。

但遺憾的是，最近連年輕世代，也有愈來愈多的人「沒有特別的夢想」。非但如此，好像還有人認為「訴說夢想很遜」，但那對大腦而言，是最糟糕的思考習慣。

若是「現在還沒找到夢想」，那沒什麼太大問題，所有人當然都有不知道自己想做什麼、想要什麼的時期。

不好的是，不願尋找夢想。

如果放棄尋找，一輩子都無法令大腦雀躍。

假如你現在還找不到夢想，請務必試著進行想像訓練。雖說是訓練，但是並不困難，只要透過下列步驟，想像自己的未來即可。

重點是從「或許……」開始。

一開始，可以不用認為「我一定想做做看」，「我做得到」，從想像

「我或許想做做看」，「如果做得到這種事，或許很棒」開始，應該不會太難。

（1）想像理想的自己。

請想像「如果做得到這種事，或許很棒」，「如果進行這種挑戰，或許很帥」。

例如：「如果業績能夠變成小組第一，或許很棒。」

（2）具體想像變成理想的自己的狀態。

請想像「如果做得到這一點，或許很愉快」，「如果能夠產生這種結果，或許很開心」。

例如：「如果業績第一，就會受到所有同事關注，或是受到後進們的尊敬，或許很開心。」

（3）想像別人高興的樣子。

請想像如果變成理想的自己，誰會如何替自己高興？

例如：「如果變成業績第一，課長應該會說：『小組的銷售額一直停滯不前，幸虧你交出亮眼的成績，真是幫了大忙！』，替我高興。」

（4）想像達到理想的自己之前的問題點。

請想像為了變成理想的自己，你應該克服的課題和問題。

由於大腦比較容易對過去的記憶，產生「這樣下去的話，辦不到」的負面想法，所以從**這個階段起，不再是「或許……」，請切換成「一定做得到」、「做得到，是理所當然」的想像。**

例如：「若要做到業績第一，必須再開發十位新客戶，我一定做得到。」

（5）用力想像變成理想的自己而感到開心的自己。

在這個階段，不再是「如果能夠變成理想的自己，那該有多好？」請以「變成理想的自己」這樣的前提，用力想像開心的自己。

例如：「做到業績第一，受到公司表揚，能夠向家人報告這件事，真的很開心！」

像這樣，一開始從「或許……」開始，到了（4）的階段，請刻意切換成「做得到，是理所當然」的強烈想像。

久而久之，應該就會變成自己彷彿真的達成夢想的心情，開始雀躍。

既然要做，就要做到底，也要搭配語言習慣，堅定地說：「一年後，我是小組的業績第一。」

不必心想「又還沒變成那樣，簡直是痴人說夢」，感到猶豫。

如果說「我現在在小組變成了第一名的業務員」，就是在說謊。若是「一年後，我是小組的業績第一」，變成那樣的可能性不是零，所以不是說謊。

再說，說出夢想，並不會傷害任何人，既然如此，何不抬頭挺胸對自己大吹牛皮？

大腦很坦率，會相信你吹的牛皮，為了實現夢想開始採取行動。

想要改變思考習慣，就要將「或許」改變成「吹牛皮」，打造「未來的雀躍感」。

習慣養成重點

DAY 042

想像令大腦雀躍的未來，鬆開大腦的剎車系統。

043

透過「未來年表」和「未來日記」，進一步提升雀躍感

一流運動員也實踐的「未來視覺化」

若要進一步提升「未來的雀躍感」，試著將自己未來的身影寫在紙上，也是一個好方法。

光是心想「如果能夠變成這樣，那該有多好？」，夢想不會實現。為了避免大腦拖出過去的記憶，必須相信：「這個夢想真的會實現。」為了做到這一點，將未來寫在紙上視覺化，具體想像實現夢想的自己的身影，是一個有效的方法。

你可以製作「未來年表」，寫下心想「如果能夠變成這樣，那該有多好？」的事，從未來到現在，依照年分排列。

二〇二五年　開咖啡館

二〇二三年　為了在道地的咖啡館學習，前往法國留學

二〇二一年　轉職到慕名已久的知名咖啡館工作

二〇二〇年　開始念法語學校

二〇一九年　在現在工作的咖啡館，成為店長

諸如此類，試著製作未來年表。

若是將未來的自己變成怎樣，依照年分寫下來視覺化，想像就會變得更加深刻。

一開始只是心想「如果能夠變成這樣，那該有多好？」，接著具體想像自己的未來，最後能夠相信「這個夢想真的會實現」。

此外，**我也建議各位寫「未來日記」，這是想像變成理想的自己的那一天，寫下當天的日記。**

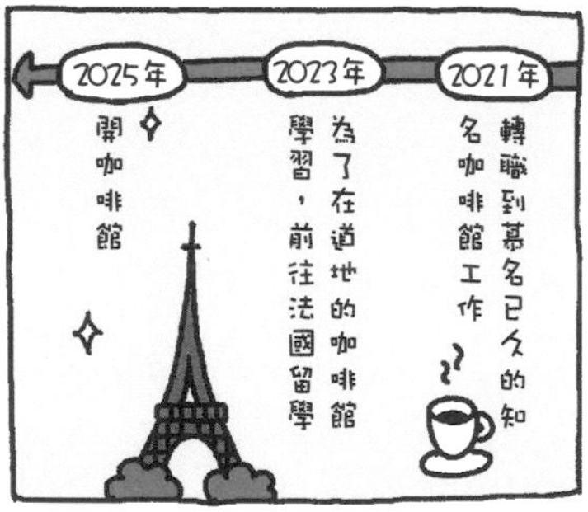

許多運動員都在寫未來日記，想在四年後的奧運奪冠的選手，會想像比賽當天的事，詳細寫下發生了哪些事。

「二〇二〇年，我終於在東京奧運奪冠。站在領獎台中央，看著國旗緩緩升起的樣子，真的非常感動。這都是託平常替我加油的各位粉絲、至今支持我的教練和夥伴，以及家人的福。我能夠迎接今天的到來，真的非常幸福。」

像這樣，在正式比賽的四年前，事先寫下彷彿在奪冠那一晚寫的文章。這個日記要貼在家裡，或是影印隨身攜帶，隨時讓自己看到。

每次看到，就能夠強烈想像奪冠的自己，所以能夠相信「自己做得到」。因為能夠相信自己奪冠，所以也能夠忍受四年艱辛的訓練，因此真的能夠實現夢想。

聽說在二〇一二年倫敦奧運獲得金牌的拳擊選手——村田諒太，也將未來日記貼在自家的冰箱上。

「我拿到金牌了。謝謝大家！」

他從尚未成為日本代表選手時，就將以在奧運奪冠為前提寫下的話，輸入了自己的大腦。

我聽說，寫下那句話的不是村田諒太本人，而是他的妻子，但是它貼在村田諒太經常會看到的冰箱，所以那個畫面深深地烙印在他的大腦。

寫下自己的未來，視覺化，這就是用來提升「未來的雀躍感」的祕訣。

習慣養成重點

DAY 043

將理想的未來視覺化，把畫面烙印在你的大腦。

044

結交可以互訴夢想的朋友

和正面輸出的人來往

還有另一個強化「未來的雀躍感」的好方法，那就是擁有能夠積極互訴夢想的朋友。

自己訴說夢想時，如果朋友回應：**「真棒！」**、**「你做得到」這種積極用語，大腦就會正面強化**。

對於正面輸出，以正面輸出回應，擁有這種朋友，雀躍感也會提升好幾倍。

若是自己進行正面輸出，對方卻以負面輸出回應的話，會變成怎麼樣呢？

認真訴說夢想時，對方回應：「那辦不到吧？」、「會不會太困難了？」這種消極用語，好不容易說出口的正面輸出，就會被負面輸出給抵消。

有些上班族經常在居酒屋互發牢騷，那就像彼此在進行負面輸出，**在場所有人都會陷入消極的思考習慣，毫無益處。**

人要失去幹勁很簡單，只要朋友互訴「真辛苦」、「好困難」、「做不到」、「糟透了」、「反正辦不到」等用語，你對未來的幹勁，就會在一瞬間消失。

相反地，如果有朋友回應正面的話，你的幹勁就會增加。

如果你的朋友回應：「很簡單呀！」、「做得到啦！」、「你真棒」、「好幸運」、「你可以的」這種話，要珍惜和他們的交流。

習慣養成重點

DAY 044

務必重視以「正面輸出」回應「正面輸出」的朋友。

045

尋找「過去的雀躍感」：誰是你崇拜的人？

怎樣也無法想像未來時的兩種因應方法

到目前為止，我介紹了勾勒夢想，提升雀躍感的方法。

不過，或許也有人「怎樣也找不到夢想」，「聽到要勾勒夢想，就覺得很有壓力。」

不用擔心，即使這樣還是有好方法，那就是試著想起「過去的雀躍感」。

即便是對未來無法感到雀躍的人，過去應該也有過夢想、小時候喜歡的事和愉快的經驗。請試著將所有想到的內容寫在紙上，無論是再久以前的事，或是再小的事都無所謂。

「小學時，賽跑第一名，很開心。」
「小時候，想要成為足球選手。」
「第一次參加鋼琴發表會時，很愉快。」

這樣子就夠了。

接著，請試著這樣問自己：

「你覺得，假如過去雀躍時的自己，遇見現在的你，會說什麼？」

思考答案。

你的腦袋是否浮現：「我能夠得第一，你在公司也能夠得第一」，「之前那麼努力練習足球，現在的工作也能夠更努力」這種積極的話？

無論如何，我想，起碼應該不會出現「你做什麼都不行」這種消極的話。

過去能夠雀躍，未來也一定能夠雀躍。

你是否也這麼想呢？

就算很難馬上想像未來，如果能夠想起「自己擁有雀躍的力量」這件事，就不必慌張，總有一天能夠勾勒出你的夢想。

此外，還有**其他尋找雀躍感的方法，那就是尋找你崇拜的人。**

若是你的腦海沒有浮現「我想要變成這樣」的畫面，你可以從「我想要變成像那個人一樣」的憧憬開始。

憧憬能夠協助你想像未來的自己，我建議你也把這寫在紙上，視覺化。

盡量寫下許多你覺得「帥氣」、「好酷」、「值得尊敬」的人，再從中挑選一位最令你有好感和尊敬的人，自問：「假如他／她來幫我加油，可能會說什麼？」

你一定能夠想像對方說：「你也能夠變得和我一樣」、「加油！」，替你加油的身影。

怎樣也無法勾勒夢想的人，請知道也有這兩種方法，可以幫助你尋找未來的雀躍感。

習慣養成重點

DAY 045

尋找「過去的雀躍感」和「崇拜的人」，這兩種方法也能幫助你尋找未來的雀躍感。

046 欺騙大腦，打造「確信習慣」

對大腦提出正面的問題

我想，看到這裡，你應該已經知道，人的大腦是多麼容易被騙。

大腦無法區別真實與謊言，對於想要養成習慣的人來說，這非常幸運。**人的大腦能夠做到所有認為「做得到」的事，無論再怎麼困難的事，大腦都會乖乖被騙，確信「自己一定做得到」。**所以，如果成功養成「確信習慣」，所有人都能夠實現夢想，獲致成功。

那麼，要打造確信習慣，該怎麼做才好呢？那就是對大腦提出問題。

大腦的機制是會回答所有提問，**如果提出正面的問題，大腦就會回覆正面的答案；如果提出負面的問題，大腦就會回覆負面的答案。**

假設你問大腦：「為何我總是做不到？」

大腦就會尋找做不到的理由。

假設你問大腦：「該怎麼做，才能做得到？」

大腦就會尋找做得到的方法。

因此，提出後者的問題，大腦就會告訴你做得到的方法。

而本人也能夠確信：「我一定做得到。」

假設你問大腦：「為何我是笨蛋？」

大腦就會尋找你是笨蛋的理由。

假設你問大腦：「為何我是天才？」

大腦就會尋找你是天才的理由。

因此，提出後者的問題，大腦就會告訴你成為天才的方法。

而本人也能夠確信：「自己一定是天才。」

如何？

知道機制的話，就會明白要欺騙大腦其實很簡單。

習慣養成重點

DAY 046

問大腦「怎樣才能做得到？」，提出正面的問題。

如果反覆提問，引導出「自己做得到」、「自己是天才」這種答案，真的就能夠變成那樣的自己。

成功的人毫無例外，都確信「自己做得到」。無論是松下幸之助、本田宗一郎、比爾．蓋茲或史蒂夫．賈伯斯，他們都做到了世界上九十九%的人認為做不到的事，那是因為這些人都有確信成功的習慣。

你的大腦是你自己的，請不要客氣，盡量欺騙。

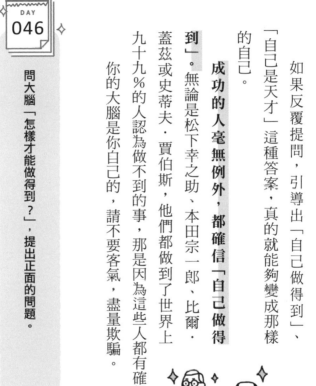

047

將「負面的錯覺習慣」，變成「正面的錯覺習慣」

能力強弱、擅長與否，全部都是個人認定

大腦如此容易受騙，意謂著什麼？答案就是：「一切不過是個人認定。」

岔個題，你猜拳厲害嗎？

應該有人會回答：「厲害」，也有人會回答：「不厲害。」

那麼，認為自己猜拳厲害的人和認為自己猜拳不厲害的人猜拳，誰會贏？那就要猜過拳才知道。

認為自己猜拳厲害的人輸，認為自己猜拳不厲害的人贏，這當然有可能。猜拳厲害、不厲害，單純是個人認定。總而言之，**錯覺決定了你**

是誰。

假如你認為自己「不擅長學習」，說不定只是因為你父母過去曾對你說過一次：「你不擅長學習」，你就產生了這種錯覺。

大家都知道，東大生的父母，很多也是東大畢業生，但這不必然是因為遺傳了聰明才智。

只是知道最靠近自己，在家裡也會沒形象的父母是東大畢業生，而錯覺：「如果這兩個人能夠進入東大，我也進得去。」

大腦會確信「我能夠進入東大」，告訴你進入東大的方法。因此，你能夠孜孜不倦，持續為了進入東大用功學習。

像這樣，我們透過錯覺，打造了自己。

既然如此，比起壞的錯覺，好的錯覺肯定能夠讓你獲得幸福。

產生好的錯覺的習慣稱為「正面的錯覺習慣」，產生壞的錯覺的習慣稱為「負面的錯覺習慣」。請你務必使用這一章介紹過的訣竅，不斷地打造正面的錯覺習慣。

使用積極的用語，想像未來實現了夢想的自己，對大腦提出正面的問題，心裡想著：「我做得到！」，產生良好的錯覺。

某天回過頭來，錯覺應該變成了現實，你應該獲得理想的未來。

如果反覆好的錯覺習慣，變成理想的自己的瞬間，一定會到來。

習慣養成重點

DAY 047

既然都是錯覺，就要進行「積極的個人認定」。

第5章

你的人生
透過習慣的力量動起來

048

成功改變習慣，人生所有事情都會好轉

無論是想要持續的事物，或是想要戒掉的事物都一樣

改變習慣，人生所有事情都會改變，工作、學習、人際關係和健康，全部都會朝著好的方向動起來。

接下來，就按照各個主題，簡單介紹成功養成各種習慣的重點，請務必掌握訣竅。

習慣養成重點

DAY 048

成功養成良好的習慣，一切都會朝著好的方向動起來。

049

維持好習慣①
早起
正確決定「起床時間」和「睡覺時間」

若要早起，首先，你要決定「幾點起床」。

你或許會認為：「只要做這種理所當然的事？」但是，無法持續早起的人，大多是沒有清楚定義「自己希望的早起，是在幾點起床。」「雖然想要六點起床，但是今天真的好睏，再睡三十分鐘也沒關係吧！」就這樣，拖拖拉拉，延後起床時間，結果在床上躺到快要來不及的時間才勉強起床。

想要早起，**首先，請正確地決定時間**，像是「我要每天早上六點起床」。

決定起床時間之後，決定「前一個習慣」。

如同第3章說過的，決定起床的時間之後，必須決定前一個行動——「睡覺的時間」。

決定睡覺的時間之後，再一一倒推之前的行動，像是「幾點之前洗澡」、「幾點之前吃完晚餐」、「幾點之前回家」等，必須決定各項行動的時間。

「習慣」其實就是，決定遵守和自己的約定。如果約定內容含糊不清，就連自己也不知道該如何改變。

盡量具體決定約定的內容，是維持習慣的祕訣。

習慣養成重點

DAY 049

起床的時間不明確，早起就持續不了。

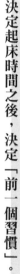

050

維持好習慣②
寫日記

一個字也OK，「交換日記」也行

想要持續寫日記，請盡量降低門檻。

假使「一行也OK」，再怎麼想睡、再怎麼想不出可以寫的事情，也能遵守這個約定。

極端來說，一個字也無所謂。總之，如果翻開日記本，寫了幾個字，就當作「寫了日記」。

若是認為「每天必須好好寫完一篇文章」，可能很快就會受挫。

重要的是，請了解到「持續」是第一要務。

怎麼也持續不了的人，可以想想不是「為了自己」，而是「為了某個人」寫日記，這個方法也不錯。

某家企業建議員工們寫「ＯＪＴ（在職訓練）筆記」，下班時，每天將回顧一天意識到的事情、明天的目標寫在筆記本，可以說是一種日記。

一位社長參加我的研習課程，想讓員工們養成好習慣開始寫筆記，他的目的相當有趣。

這位社長不是為了提升績效，要求員工們寫筆記。他說：「請為了你們將來的孩子寫。」

年輕的員工遲早也會結婚、組成家庭，社長說，到了那個時候，給你們的孩子看這本筆記本，告訴孩子：「爸媽年輕時，這麼努力」，這正是他要他們寫筆記的目的。

聽到是為了將來的孩子，怎樣也不能偷懶。如果認為「會對孩子造成影響」，應該就會每天認真地寫筆記。

日記也是一樣。

假如「為了自己」持續不了，可以尋找「某個人」當作目的，像是

「為了有一天要給家人看」、「為了讓重要的人了解自己」等，都是維持寫日記的好方法。

若是一個人寫持續不了，改成「交換日記」也可以。

我在北海道的某間國中，負責籃球社的心理訓練，我交給社員們筆記本，指導他們每天寫下今天發生的事。

社員們每天早上一到學校，就前往教職員辦公室，將筆記本交給指導老師。老師一本一本過目，寫下評語之後，還給本人。可以說，這變成社員和老師的交換日記。

如果有人看，就不會偷懶，能夠每天寫日記。

在某家人壽保險公司的營業處，女銷售員們也在我的建議下，進行交換日記。她們將自己每天思考的事和學到的事寫在筆記本，互相交換、閱讀。

沮喪時，若是看到別人寫「明天也要加油」這種積極的話，就算只有一句，都是正面輸入。在自己的筆記本也寫下「我要加油」這種極積用語，就能進行正面輸出。

透過交換日記，彼此反覆「正面輸入→正面輸出」這種循環，大腦就會正面強化。

此外，因為是要讓別人看的日記，所以對身邊的人表達感謝的話語，也會自然增加，像是「我感覺到營業處各位同仁的支持」，「知道自己不是一個人，很開心。」

想要養成關注好事多於壞事的接收習慣，交換日記是一個很好的方法。結果，進行交換日記的營業處，團隊合作順暢、幹勁提升，業績不斷成長。

一個人怎樣也持續不久的習慣，可以設法讓別人共同參與，打造持久的機制。

習慣養成重點

DAY 050

怎樣也持續不了的人，可以試著「為了某個人」寫日記，這也是一個好方法。

051

維持好習慣③
如何長期經營部落格或電子報？

不一定非得寫有趣的內容，一味顧慮讀者的感受

好像有許多人為了發送工作或嗜好的資訊，或是加深和讀者的交流，想要開始寫部落格或電子報。

但是，實際開始之後，無疾而終的案例也不少。

部落格和電子報是需要讀者的媒體，和寫日記不一樣，具有從一開始就有別人共同參與的機制。

儘管如此，為何還是持續不了？那是

因為總是試圖寫出「好的」內容。

很多人認為：「必須寫有趣的事，要照顧讀者的感受。」如此一來，門檻太高。

想要維持這種習慣，首先，請認為：「什麼內容都可以，總之，寫就對了。」

我從大約十二年前開始，包含六日在內，每天都會寫電子報。我是這麼想的：「先寫再說，寫一行也OK。」

實際上，從來沒有只寫一行就結束了，但是這麼一想，門檻變低，就能夠毫不勉強地持續下去。

我總是建議「想不到什麼事可以寫」的人，寫出自己的「本性」。

不必裝模作樣，坦然寫下自己喜歡什麼，和怎樣的家人一起生活，度過怎樣的每一天。

比方說，「昨天去居酒屋喝酒」、「外子是這種人」等，怎樣的內容都無所謂。

若是自己的事，總會找到可寫的點，如果最近發生的事，真的都沒什麼好寫的，也可以回溯過去，寫寫孩提時代和學生時代的事。

像這樣，大方分享自己的事，讀者也會認為：「想要多看一點這個人寫的內容。」一獲得讀者回響，知道有人在關注自己，寫部落格或電子報就會變得愈來愈有趣。

到了這個階段，應該就能自然寫下去。

儘管一開始就有讀者，**不執著於賣弄文筆，是持久的重點**。

習慣養成重點

DAY 051

不要賣弄文筆，試圖撰寫文情並茂的文章，寫一行也可以，重點是要持續寫。

052

維持好習慣④ 減重

具體勾勒減重成功的自己

想要減重，**首先，請想像「自己理想的體態」**。

在第3章說過，不是單純地「想瘦」，具體想像很重要，像是「我想要穿上迷你裙很好看」，「我想要穿合身套裝，讓初次見面的人認為，我的工作能力很強」等。

此外，要對大腦提出正面的問題，請它教你減重成功的方法。如果對大腦提出正面的問題，大腦就會回覆正面的答案。

因此，**請試著問你的大腦：「為什麼減重成功了？」**

重點是以「減重已經成功」的前提來發問，大腦不會辨別真實與謊言，所以會拚命思考答案。

於是，可能會得出這種答案：

「因為變得愛吃蔬菜，更甚於肉。」

「因為將之前吃零食的時間，用來做運動了。」

一看便知，出現的答案會直接變成「減重成功的方法」。

如同「如果這麼做，就能抬頭挺胸地穿上迷你裙！」，成功連結「理想的自己」的畫面，就能直接付諸行動。

「理想的自己的畫面」＋「對大腦正面提問」＝減重成功的強大夥伴。

習慣養成重點

DAY 052

具體想像「自己理想的體態」。

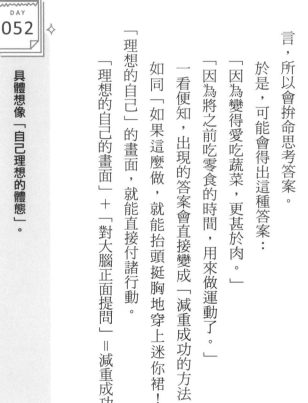

053

維持好習慣⑤ 慢跑

如果累了，中途用走的也OK

慢跑也是不能夠一下子就提出高的目標。

即使決定「每天早上跑五公里」，如果在一開始的一公里就跑不動，就會心想「自己根本無法慢跑」，立刻受挫。

因此，盡量降低門檻也是訣竅。

話說回來，**對於至今沒有跑步習慣的人，可能必須先養成「走出家門」的習慣。**

如同在第1章，透過重新成為職業拳擊手那個案例介紹過的，一開始最好降低標準，像是「早上起床之後，穿上訓練服走出家門」，這樣就好。

縱使後來只跑了一百公尺，也能獲得「因為走出家門，所以今天也維持了習慣」的成就感。大腦會記憶成「慢跑」＝「愉快」，因此隔天早上也會想要持續相同的習慣。

此外，如同先前說過的，「在枕邊準備訓練服之後再睡覺」，請一併決定前一個習慣。

能夠每天早上出門之後，再對訓練設定目標。不過，請先這麼想：「如果累了，中途用走的也OK。」

嚴禁完美主義，就算中途用走的，一開始幾分鐘用跑的，也可以算是「今天慢跑了」。

此外，**目標不要以「距離」、而是「時間」來設定，這樣比較容易持續下去**。

比方說，不要設定成「每天五公里」，而是以「時間」為主，像是「每天三十分鐘」等。

如果以時間來設定，假如只能跑十分鐘，剩下的二十分鐘用走的，也達成了「每天三十分鐘」的目標。

由於每天排定三十分鐘結束，所以方便排入日常行程中。相對地，若是用距離來設定，假如在途中真的跑不動了，為了達成「每天五公里」的目標，剩下的距離就必須用走的，有時得花相當長的時間。因此，有可能會開始討厭每天慢跑，而且每天花的時間有長有短，難以排入每天的行程也是缺點。

整體來說，以時間來設定，比較容易打造持續慢跑的機制。

儘管如此，有時可能會「怎麼也持續不了三十分鐘」，此時要試著對大腦提問。

提問的模式有兩種，第一種是「詢問願望」，這是引導出「你想要變成怎樣」的問題。

比方說，你可以問大腦：「慢跑有哪些好處？」會出現「體能變好，工作順利」這種答案。

接著，進一步問大腦：「若是工作順利，對自己而言，有什麼好處？」會出現「能夠獲得主管認同，挑戰更大的工作」這種答案。

像這樣，若是「自己變成怎樣會開心」這種願望變得明確，大腦就會認為「慢跑」＝「愉快」，引發趨近反應，慢跑的習慣就變得容易持久。

另一種提問模式是「詢問恐懼」，這是引導出「你討厭變成怎樣」的問題。

舉例來說，你可以問大腦：「不慢跑的話，會變成怎樣？」會出現「體重就不會減輕，會一直肥胖」的答案。

接著，進一步問大腦：「一直肥胖，會變成怎樣？」會出現「主管可能認為你連自我管理也做不好，可能影響晉升」的答案。

像這樣，若是「自己討厭變成這樣」這種恐懼變得明確，大腦就會認為「不慢跑」＝「不愉快」，引發趨避反應，這也有助於維持慢跑的習慣。

基本上，最好能從正面的問題，詢問大腦願望開始。不過，也有一種人假設最糟的情況，產生「我豈能輸」這種反彈心態，因此更加努力。若是第一種提問方式「詢問願望」行不通的人，請試著詢問大腦恐懼。

無論如何，重要的是詢問大腦，釐清自己想要怎麼做。如果未來的畫面變得明確，就會產生相信「自己做得到」的力量，幹勁應該會持久。

習慣養成重點

DAY 053

慢跑的目標先不要設定成「每天五公里」，而是先設定時間，像是「每天三十分鐘」等。

054

維持好習慣⑥ 鍛鍊肌肉

重點是慢慢增加訓練次數

基本上，鍛鍊肌肉也和慢跑一樣，不能一下子設定高標，像是「每天做仰臥起坐三十下」等。

決定「仰臥起坐做一下也OK」，是持久的訣竅。

再說，比起從一開始仰臥起坐做三十下的人，慢慢增加次數的人，更能夠愉快地持續下去。

就算今天只做一下，如果明天做兩下，後天做三下，能夠做到的次數逐漸增加，一個月之後就能夠做到三十下，到時候的喜悅就會相當大。

就像是一次次提高分數一樣，也納入「玩遊戲的感覺」去做，應該就能夠雀躍地變成習慣。

尤其是像鍛鍊肌肉，直接和身體有關的習慣，禁止勉強。

如果突然對身體施加負荷，像是「昨天做了十下，但是今天的狀況很好，所以做三十下吧！」，一不小心弄巧成拙，可能會拉傷腰部、背部或頸部等。

結果，變成必須暫時停止鍛鍊肌肉。一旦中斷，想要再度提起幹勁，又需要花費相當的時間和精力了。

想要鍛鍊肌肉能夠持久，就要像爬樓梯一樣，一階一階往上爬，重點是慢慢增加訓練次數。

千萬注意，不要「三階併作一階往上爬」。

習慣養成重點

DAY 054

鍛鍊肌肉就像爬樓梯一樣，一階一階，不要勉強，慢慢增加訓練次數。

055

維持好習慣⑦

工作

決定「前一個習慣」，有助於提升工作的品質與速度

想要變成工作能力強的人，就要隨時意識到「前一個習慣」。

若想從一早就火力全開工作，建議你養成在前一天晚上，「確認明天的預定事項」這種習慣。確認好明天該做的事，就能思考有效率的順序，然後順暢地進行工作。

不會忘東忘西、漏掉待辦事項，也不會「誤以為明天早上是約十一點，但其實是十點」而遲到。

不僅如此，如果在大腦的黃金時間，也就是就寢十分鐘前，確認好明天的預定事項，右腦就會確實勾勒未來的畫面。

如果能夠想像會面對象的長相，就能詳細描繪「對了！客戶想要多看一點樣本，明天帶去，他應該會很高興。」**比起「為了自己」，「為了別人」，我們會更努力好幾倍，所以應該能夠更有幹勁執行工作。**

這也是在前一天確認好明天的預定事項，才做得到的事。

此外，還有許多能夠做為「前一個習慣」的事，像是「前一天將公司的辦公桌面整理乾淨之後再回家」，「事先將一份提案需要的資料放入公事包」，「將明天要穿的鞋子擦乾淨之後再睡覺」等，你應該可以事先想到各種為了讓明天的工作順利進行而能夠先做的事。

想要提升工作的品質與速度，請記得想好「前一個習慣」，予以執行。

習慣養成重點

DAY 055

養成在前一天晚上，「確認明天的預定事項」的習慣。

056

維持好習慣⑧ 培育部屬

指導時，強調「愉快」，而不是「正確」

在公司上班的人，有很多都遇到「部屬遲遲沒有成長」、「部屬沒什麼幹勁」這種煩惱。

在這種時候，很容易會忍不住認為「部屬很糟」，但是請你試著思考「說不定是我的指導方式有誤」，這件事很重要。

想要幫助部屬成長，讓部屬提起幹勁，就必須從對方的大腦下手。

前文提過，光憑「因為那是正確的」，大腦並無法持續下去，如果不覺得「愉快」，就持續不久。

因此，**在指導部屬時，不是教「……是正確的」，而是教「……會**

很愉快」，這才是正解。

如果是業務員，不是教「達成業績目標是正確的，所以請你努力」，而是教「假如我們公司的商品擠掉競爭對手的商品，擺滿了超市貨架，應該非常令人開心吧！」請以這種說法傳達愉快感。

如果部屬能夠感覺到雀躍，之後即使沒有一一激勵，為了實現「擺滿超市貨架」這種畫面，也應該會全力以赴。

此外，請你回顧一下，你是否曾經下意識對部屬進行負面輸出，像是「連這種事，你也做不到？」、「你真沒用」等？

這些負面輸出會直接輸入部屬的大腦，讓他們接收到「自己做不到」、「自己很沒用」的負面資訊。

想要幫助部屬成長，身為上司的你，請記得進行正面輸出，也就是誇獎。不過，必須正確誇獎，重要的是，要「以對方的標準」誇獎，千萬不要以自己的標準思考。

上司比部屬有經驗和實際成績，工作能力比部屬強，這是理所當然的。

假如上司以和自己一樣的標準來評估部屬，很容易就會淪為「你連這種事也做不到嗎？」的負面輸出。

請站在部屬的立場進行誇獎，比方說：「你進公司第三年，能夠做到這種程度，很厲害了。」

縱使以自己的標準來看，是低水平，但是思考「從對方的資歷來看，這樣的成果如何？」很重要。

還有一點，若要誇獎部屬，必須仔細觀察對方。採取錯誤的誇獎方式，或是用隨便的話誇獎一下，對方也不見得會開心。

比起「你很努力」這種適用於所有人的誇獎，具體誇獎「你上週交的報告，分析很敏銳，令人佩服」，對方可能比較開心。

想要引導出部屬的幹勁，最好進行對於對方的大腦而言，最爽快的輸入。

確實觀察要「誇獎什麼，對方才會開心？」，留意部屬的行為和表現，把這件事當作習慣。

習慣養成重點
DAY
056

想要幫助部屬成長，進行對對方的大腦而言最爽快的輸入。

057

維持好習慣⑨

業務／銷售

「信賴」和「感謝」是提升業績的關鍵

業績亮眼的業務員和銷售員，毫無例外，都抱持著「對自家公司商品的信賴」和「對公司的感恩」。

如果能夠相信「這件商品是好東西」，就會認為「賣給更多客戶肯定比較好」，因此對於打電話開發，或是登門推銷也毫不遲疑。

業務的工作是「和愈多人見面、說愈多話，愈能賣出商品」，因此愈是積極前往拜訪客戶，業績可能就愈好。

業績不佳的人或許認為：「公司設定業績目標，必須把東西賣出去」，並沒有對自家商品的信賴，只是認為「因為公司要求，所以不得不賣」，有時連自己也不禁懷疑：「這種商品真的賣得出去嗎？」

所以，只要推銷遭到拒絕，就會陷入「反正下次也會被拒絕吧！」的負面想法。若是真的屢屢遭到拒絕，就會心想「我不行了！」，內心嚴重受挫。

一個業務是否對公司感恩，也會大幅影響業績。

「開發和製造的同仁辛苦做出來的商品，自己被交付銷售的任務，不能說自己害怕遭到拒絕。」

有這種思考習慣的人，業績會不斷地成長。

相對地，認為「只有業務很辛苦」的人，擺脫不了「就算強迫推銷這種商品，也不可能賣得出去」的思考習慣。

能夠相信「自己銷售的商品對社會有用」，感謝在同一家公司上班的同事，無論經驗和能力如何，業績都能夠提升。

有些人可能真心認為：「我們公司的商品品質真的還好，客戶的評價也不怎麼好，賣不出去也沒辦法。」但是，這麼想，什麼也不會改變。

為了提升業績，必須向公司反應客戶的評價和意見，向開發和製造的同仁提議：「市場上有這種意見，希望你們討論如何改良。」

不過，想要做好這件事，你必須是在公司內被眾人認同的人。明明沒有實際成績，卻抱怨：「因為你們製造這種商品，所以賣不出去」，只會遭到眾人反駁：「是你努力不夠吧！」

愈是「想要進一步改善商品」，「向公司表達意見」的人，就必須先努力做好眼前的工作。

抱持著「自己想要做這件事」的強烈想法，用言語和行動來表示，和你想法一樣的人，自然就會聚集到你身邊，你就能獲得許多人的支持。

如果你輸出「想要進一步改善商品」，它就能被輸入旁人的大腦，大家就會開始思考：「為了改良商品，該怎麼做才好呢？」

總而言之，**如果你有想要改變的事情，請不要盡是發牢騷、一直訴說不滿，而是以言語和行動輸出想法，這樣自然會召來旁人的支援和協助。**

習慣養成重點

DAY 057

比起「能與許多客戶見面，說上許多話」，應該要設法喜歡上自家的商品和同事。

058

維持好習慣⑩

念書準備考試

想像入學後的自己，就能夠辛苦K書

面對考試，大部分的人都以「考上哪間學校」為目標。然而，光是這樣，無法為了準備考試，忍受漫長又痛苦的K書。

你必須想像「進入這間學校，會變成怎樣？」，勾勒令自己雀躍的畫面。

比方說，「終於進入想念的科系」、「交到許多朋友」、「活躍於社團活動」等，具體描繪自己變得愉快的身影，願望愈大，耐受量也會變得愈大。

「我想要進入這間學校，做這種事！」這種想法愈是強烈，就愈能

長期辛勤地持續念書。

到目前為止，姑且不論念書，如果你從來不曾持續一件事情長久，我建議你除了念書準備考試之外，也要開始一個小習慣。

我的指導對象也有小學生，進行腦力開發訓練。我總是和孩子們約定一件事，那就是自己洗自己用過的筷子和茶杯。

陪同的家長們或許會認為：「明明我希望的是孩子能夠念好書。」不過，在和念書無關的事情上，**「遵守自己決定的約定」，這件事很重要。**能夠將小事變成習慣的人，即使目標變成念書準備考試，也能夠持續下去。**「持續下去的技能」，能夠運用在任何事情上。**

至今不擅長念書、持續不了的人，除了努力念書之外，請試著開始一個所有人都做得到的小習慣，那一定會對你念書準備考試有所幫助。

習慣養成重點
DAY
058

除了用功念書之外，你可以試著開始一個所有人都做得到的小習慣。

059

維持好習慣⑪

學習英語

除了分數之外，想像令人愉快的事

想要持續學習英語的人，應該比較清楚「為了什麼學英語」。

像是「因為工作上需要用到英語」、「因為想要跳槽到外資企業」、「因為想在國外旅行時，和當地人交流」等，人人應該都有想要學好英語的不同理由。

遺憾的是，許多人光是這樣，也無法持續學習英語。

在這種情況下，不足的是令人雀躍的情緒。除了「為了什麼？」的目的，**請想像「如果把英語學好，有哪些愉快的事會發生？」，讓你的願望變大。**

「工作上需要用到英語」的人，或許也有人基於「為了在公司晉升，必須考好TOEIC的分數」，不得不開始學習。

若是如此，除了以分數為目標之外，請想像「假如自己成功晉升，有哪些愉快的事會發生？」

如果能夠勾勒出令人雀躍的夢想，像是「晉升的話，就能在同期進入公司的同事當中，第一個出人頭地」，「晉升的話，就能執行一直想做的企劃案」等，成功的機率將會提升不少。

願望變大，耐受量也會增加，所以能夠邁向那個夢想，勤奮努力。

習慣養成重點

DAY 059

試著想像「把英語學好，哪些愉快的事會發生？」

060

維持好習慣⑫

保持閱讀的習慣

首先，只要「翻開書本」

想要把看書變成習慣，有一個好方法，那就是**和自己約定「每天翻開書本」**。

不必進行「每天看三十分鐘的書」，或是「看十頁書」這種約定。想要養成看書的習慣，恐怕有不少人應該是至今連翻開書本的習慣都沒有，所以首先降低門檻很重要。

只是「翻開書本」，就連怕看書的人應該都能做到。

若是不想看書，翻開書本，然後直接闔上也無所謂。因為約定是「翻開書本」，所以即使連一頁也沒看，請不要責怪自己。

習慣「翻開書本」之後，接下來要決定「只看第一行」，真的只看一行就結束了也沒關係，如果好奇想看第二行、第三行，繼續往下看也無妨。

話雖如此，實際上看了第一行之後，往往就會產生好奇心，想要看下去。因此，從第一行增加閱讀的行數到第二行、第三行，並不怎麼困難。

許多人沒有做的是，「翻開書本」這個第一步的行動。沒有閱讀習慣的人，若是突然試圖閱讀艱澀的書籍，就會受挫。所以，一開始最好選擇自己感興趣的書，或是容易閱讀的書。

若你無論如何都怕看書，從漫畫或繪本開始也可以。

怕看書的人，可能有拿起來的書很無聊，或是無法理解內容這種過去的記憶，所以大腦判斷為「看書」＝「不愉快」而討厭看書。

因此，**先決條件就是連結「看書」＝「愉快」，若是翻開書本能夠感到愉快，書的種類是漫畫也沒關係。**

如果大腦記得「翻開書本很愉快」這種資料，即使之後閱讀的書變成小說、商業書，或是各類素養書，都能夠愉快地翻開書本。

想要培養閱讀的習慣，決定時間和地點會更好。像是「每天早上，在通勤電車上翻開書本」，「午休時，在公司的辦公桌前翻開書本」，「回家之後，坐在沙發上翻開書本」等，若是將閱讀排入每天生活的某個時段，比較容易養成閱讀習慣。

在這種情況下，也**請意識到「前一個習慣」**。

假如要在通勤電車上和公司翻開書本，「將書本放入公事包」也必須變成習慣。若要回家之後，翻開書本，就必須事先將書本放在你看得到的地方，像是「將書本事先放在客廳的茶几上」等。

如果能夠做到這些，應該就能養成閱讀的習慣。

習慣養成重點

DAY 060

漫畫或繪本也可以，盡量愉快地接觸書本。

061

維持好習慣⑬ 儲蓄

替存款命名，讓「為了什麼？」一清二楚

明明覺得自己沒有亂花錢，但是留神一看，錢減少了，存不了什麼錢。

這種人必須賦予「為什麼存錢？」的意義，**我建議可以替存款命名，具體而言，就是開立「一般存款」、「目的存款」、「賢者存款」這三個戶頭。**

「一般存款」是每個月的薪水匯入的戶頭。

「目的存款」是為了特定目的而存錢的戶頭，像是「為了家庭旅行」、「為了買車」、「為了買房的頭期款」等，擬定具體目標，有計畫地存錢。

「賢者存款」是打算一輩子都不提領而存的錢，金額像是「存入每個月薪水的一成」，持之以恆存錢。

我的孩子從小就擁有三個戶頭，他們領到零用錢和壓歲錢之後，為了購買文具和果汁等，將平常會用到的錢存入「一般存款」。

若有特別的目的，像是「想要腳踏車」、「想買玩具」等，將錢存入「目的存款」的戶頭。話雖如此，在存錢的過程中，孩子們經常會不想買了。

原本明明說：「我想要這款遊戲！」但是，存錢經過半年之後，經常改口說：「那款遊戲已經不流行了，我不要買了。」

也就是說，**目的存款也能夠發揮防止衝動購買的作用**。

若是真的需要，應該半年或一年後也會想要。目的存款是給自己思考「我真的需要這個嗎？」的時間。

零用錢和壓歲錢的一成，一定要存入「賢者存款」。我的兒女已經長大，但是他們按照一開始的約定，完全沒有動用到這筆存款。

你或許納悶：「存一輩子不動的錢，要做什麼？」我告訴孩子們：**「最後，把那筆錢捐出去。」**

如果不是「為了自己」，而是「為了別人」，就能努力。想像別人因為自己存的錢而開心，自己也會產生愉快和喜悅。

不要認為「明明是自己的錢，不用真浪費！」，而是認為「讓有需要的人來用，更令人開心」；如此一來，會為自己的人生帶來幸福感。

像這樣，替存款命名、開立帳戶，賦予明確的意義，是聚沙成塔存錢的訣竅。

若是「剩餘的錢就存起來」這種含糊的想法，是存不了什麼錢的。釐清「為了什麼？」，強烈地將它銘記在心，存款就會一點一滴地逐漸累積。

習慣養成重點

DAY 061

想要養成儲蓄的習慣，可以開立「一般存款」、「目的存款」、「賢者存款」三個戶頭。

062

維持好習慣⑭ 人際關係

從「能夠改變」的地方開始改變

「自己好就好」的思考習慣，是弄糟人際關係的最大原因。**若要建立圓滿的人際關係，就要有能夠「替對方著想」的習慣。**

思考「該怎麼做，才能夠讓對方開心？」，「該怎麼做，才能夠對對方有幫助？」，自然就會輸出令對方感到開心的用語和表情。

最具代表性的用語是「謝謝」，沒有人收到感謝會不開心。「謝謝」，是能夠令任何人開心的魔法用語。

笑著打招呼，或是誇獎對方的優點，也能夠變成改善人際關係的好習慣。

「話當然是這麼說沒錯，但我的主管是個討人厭的傢伙，我絕對不想對他說謝謝！」應該也有人會這麼想。

我們通常無法改變對方，想要改善人際關係，唯有改變自己的用語和動作。

一位接受我的心理訓練的女性，也曾對她和上司的關係感到煩惱。據說，她上司的舉止令人覺得很壓迫，是個毫不考慮部屬心情的人。可是，她無法改變上司，只好改變自己。

她心想：「假如這位上司是自己喜歡的人，我會採取怎樣的行動呢？」接著，她像是對待喜歡的人一樣，改變了自己的用語和行為。

早上見面，笑著打招呼。

積極地找上司攀談。

努力尋找上司的優點，試著誇獎他。

就這樣，那位女性在改變自己的言行之後，上司的態度也逐漸改變了。他開始回應女士的打招呼和誇獎，原本兩人之間尷尬的氣氛，也在不知不覺中，變得和睦。在此同時，小組的工作也順暢進行。

不止於此，如今那位女性和上司的關係變得十分良好，經常在公司外一起喝酒。

她原本對於和上司的人際關係那麼煩惱，簡直令人無法置信。

討厭一個人，一股勁兒討厭沒有任何好處。只會說對方的壞話，或是在腦中胡思亂想，腦中不斷反覆進行著負面的輸出和輸入。

如此一來，不知不覺間，也會顯現於自己的言行。自以為隱藏得很好，但是對方會感覺到「你討厭他」。

於是，對方會對你採取愈來愈嚴厲的態度，結果彼此更討厭對方。

像這樣互相討厭，沒有人有好處。若是職場上的主管與部屬，只會讓團隊合作一團亂，對工作造成影響。

不過，當然也不必勉強自己喜歡對方，**若是無法停止「討厭」的負**

面想法，改變用語、表情和動作等輸出即可。

不是改變「無法改變」的事物，而是從「能夠改變」的地方逐步改變，這就是改善人際關係的訣竅。

習慣養成重點

DAY 062

為了讓對方開心，將「謝謝」當作口頭禪。

063

維持好習慣⑮ 家人

不是「理所當然」，而是「謝謝」

如同在前一篇提及的，**「謝謝」是改善人際關係的關鍵句，它當然也會改變你和家人的關係。**

和家人的關係在無意間，凡事容易變成「理所當然」。

妻子做家事和帶小孩是理所當然。

丈夫工作賺錢回家是理所當然。

父母養育自己是理所當然。

若是養成這種思考習慣，感謝對方的心情也會變淡，如果彼此感受到這一點，家人之間就會形成距離。

如果你家裡瀰漫著這種氣氛，**從今天起，請將對家人說「謝謝」變成習慣。**

一位男性接受我的提議，決定「每天早上對妻子說謝謝一百天」。

但是，他妻子對於丈夫突然的行徑感到訝異，問：「你在感謝什麼呢？」，要求他說明清楚。

於是，男性說：「謝謝妳晾棉被」，「謝謝妳打掃浴室」，每天持續表達不同的感謝。

一開始，這位男性是以「為了養成好習慣」為目的而做這件事，但是過了第八十天時，內心湧現「原來妻子為了我，做了這麼多事情」這種純粹的感謝心情。

在第九十五天，妻子說：「你是真的在感謝我吧！謝謝你」，回應了令他意想不到的感謝話語。

到了第一百天，聽說妻子將男性至今說過的所有話寫在便條紙上，製作成冊子送給他。

持續傳達感謝，有一天對方也會回應感謝的心意，產生珍惜彼此的心情。

這就是「謝謝」具有的力量。請你務必將家人的「理所當然」，變成對家人的「感謝」。

習慣養成重點

DAY 063

每天對家人說：「謝謝。」

064

維持好習慣⑯
心理健康
「尋找好處」，發現正面

最近，愈來愈多人在心理健康方面有問題。

因為工作和人際關係，壓力愈積愈多，內心終於不堪負荷，這種案例一直都有。

為了保持心理健康，維持在第4章介紹過的將「通勤途中的喜悅」、「職場上的歡樂」、「家庭的幸福」寫在筆記本上的習慣，非常有效。

這可說是「尋找好處」的習慣，能夠幫助你從任何事情發現正面。

只看事物壞的一面，壓力就會愈積愈多，養成將目光轉向事物好的一面，這樣的習慣很重要。

搭電車客滿時，之前可能會想：「這麼擠！好煩呀」而心浮氣躁。若是刻意尋找通勤途中的喜悅，就能夠心想：「明明這麼擠，卻毫無問題，平安抵達車站，真是太好了。」

一位參加我的研習課程的女性，也曾經被逼到內心即將崩潰的絕境。她在公司為了不要輸給身旁的男性，努力工作，順利晉升，卻突然遭到降級，被調到子公司。

一開始，她口中說出的盡是不滿，像是「公司什麼也不懂！」，「子公司根本不是我該待的地方。」

然而，我建議她每天寫下三件喜悅、歡樂、幸福的事之後，這位女性的樣子明顯有了改變。

因為她察覺到，在新的職場也有新的際遇和有趣的任務，而且家人也很支持自己等。

她原本愁眉苦臉，如今臉上的陰霾一掃而空，表情也變得開朗，從口中說出的話語，也變成正面的言語。

後來，她在新的職場上，有了感情要好的同事，重拾工作熱情，如今為了啟動自己企劃的新事業，精力充沛地四處奔波。

想以健康心理積極度過每一天，務必要將「尋找好處」變成習慣。

習慣養成重點

DAY 064

刻意將目光轉向「喜悅、歡樂、幸福」的事。

065

維持好習慣⑰

打掃

回家之後，立刻開始

「無法打掃房間，家裡亂七八糟……」，這種人的大腦基於過去的記憶，判斷為「打掃」＝「煩惱、不愉快」，引發了趨避反應。

想將打掃變成習慣，在大腦以〇．五秒完成「討厭打掃」這種負面想法之前採取行動很重要。

回家之後，沒有時間猶豫「今天要不要打掃？」**打開家門，進到家裡之後，請馬上開始打掃**。

像是收拾眼前的垃圾、拿出吸塵器等，任何動作都可以，立刻付諸行動。

另一個重點是，不要想「要把整個家裡打掃得亮晶晶」。如果提出那種高門檻，馬上就會討厭打掃。

像是**「只要收拾三件垃圾」，「只用吸塵器吸地五分鐘」等，做一些你輕易就能完成的事就好**。

此外，也有令你的大腦雀躍的好方法，假如擦窗戶很麻煩，你可以替每一片窗戶命名。

例如，一面對窗戶說：「花子，妳今天也好美」，一面擦窗戶，無聊的事也會變得愉快。

你或許會覺得這好蠢，但如果能夠讓大腦稍微開心一點，習慣就會比什麼都不做時，變得更容易維持許多。

習慣養成重點

DAY 065

首先，只要收拾三件垃圾就好。

066

維持好習慣⑱
養育孩子
提出正面的問題，正面輸出

孩子的大腦，是由父母的輸出所打造的。父母的用語、表情和動作都會輸入孩子的大腦，打造思考習慣。

如果父母的口頭禪是：「你為什麼做不到呢？」，「你真是沒用」等，被這種父母養育的孩子會被「自己什麼也做不到」，「自己是個沒用的孩子」這種想法洗腦。

如果你在教養孩子時，老是想說：「不能做那種事」，請你試著改變用語。

不是「那不行！」這種負面說法，請以正面的用語問孩子：「你覺得該怎麼做，才會順利？」

如此一來，孩子的大腦會試圖回覆正面的答案，拚命思考順利的方法。

為人父母者，當然也會忍不住想說：「去念書！」這種話，但是就算勉強討厭念書的孩子去念書，書也念不好。

之所以討厭念書，是因為在孩子的大腦裡，已經有「念書」＝「不愉快」這種過去的資料。所以，在聽到「去念書」的瞬間，就會產生「我不想念書！」的趨避反應。

你家的情形若是如此，建議你不要使用「念書」這種字眼，改成別的用語，可以換成「進步」和「成長」等正面用語。

不是要孩子「去念書」，如果問：「你今天也進步了？」，「你今天也要成長」，就不會引發孩子的趨避反應。

此外，父母的身教十分有效，如果自己對孩子說「去念書」時，是在看電視、哈哈大笑，孩子當然會認為：「我也想看電視。」

如果父母說：「我也要看書，我們一起成長吧！」而開始看書，孩子也會心想：「打開課本好了。」

請牢牢記住這句話：**「父母的輸出，會成為孩子的輸入。」**

習慣養成重點

DAY 066

不是叫孩子「去念書」，而是試著說：「你今天也要成長。」

067

戒掉壞習慣①
抽菸、喝酒

說：「啊~，好噁心！」，進行負面輸出

「想戒卻戒不掉」，是人腦對於不必要的事，引發趨近反應的狀態。

之所以想戒菸卻戒不掉，是因為大腦判斷為「香菸」＝「愉快」，所以看到就會忍不住伸出手。

因此，想要戒菸，首先要即使看到香菸，也不要馬上抽，先隔一段時間，就能阻止「想抽」這種想法變成行動。

儘管如此，最後還是抽了的話，就要以用語和行動，進行負面輸出。若是試著說出聲：「啊~，好噁心！」，故意咳個不停，大腦就會認定：「香菸抽起來令人難過」，「對身體不好」。

如果打造「抽菸」＝「不愉快」這種資料，大腦就會開始對抽菸引發趨避反應，結果能夠戒菸。

想要戒酒也是一樣。如果進行讓大腦相信「酒很難喝」、「酒對身體不好」這種輸出，大腦對酒就會引發趨避反應。

戒菸並非「今天不抽就好」，即使今天能夠忍耐，明天抽了還是破戒。非但如此，就算忍耐了一百天，假如第一〇一天抽了，還是破戒。

戒掉壞習慣是指，一直持續「今天也沒抽菸」、「今天也沒喝酒」這種狀態。要牢記在心，打造「今天也沒做」這種習慣，持之以恆很重要。

習慣養成重點

DAY 067

打造「抽菸、喝酒」＝「不愉快」這種資料。

068

戒掉壞習慣②
賭博
「恐懼」的問題很有效

也有人戒不掉打小鋼珠和賽馬等賭博的問題，說來丟臉，我以前也沉迷於賭博。

若是賭博變成習慣，除了金錢，可能也會失去社會信任，和家人的關係失和。

想要戒掉賭博，「恐懼」的問題很有效。

試著問：「如果持續打小鋼珠，會變成怎樣？」

會出現「完全抽不出時間和家人相處」這種答案。

若是進一步問：「如果抽不出時間和家人相處，會變成怎樣？」

會出現「無法聽到家人的近況和煩惱，在最糟糕的情況下，說不定家庭會破裂」這種答案。

如果被這種答案當頭棒喝，應該會強烈地想要戒掉賭博。

當然，「詢問願望」的問題也很有效。

若是問：「如果戒掉打小鋼珠，會發生哪些好事？」

會出現「就能有更多時間和家人相處」這種答案。

若是進一步問：「有時間和家人相處，有什麼好處？」

會出現「能夠讓家人幸福，也會對自己的工作產生良好的影響」這種答案。

如此一來，應該也會產生想要戒掉賭博這種想法。

若要遠離賭博，詢問自己，引導自己得出對重要事物的想法很重要。

習慣養成重點

DAY 068

善用「詢問恐懼」和「詢問願望」，幫助遠離賭博等惡習。

069

戒掉壞習慣③
暴飲暴食

告訴自己那是「一堆脂肪」，讓大腦踩剎車

明明為了健康和減重，想要避免吃太多，卻忍不住暴飲暴食。

這種人要替眼前的食物，取讓大腦不想接近的名稱，**若是蛋糕和肉類，就將它取名為「一堆脂肪」。而且，請試著說：「我現在要吃一堆脂肪！」**

沒有人喜歡「一堆脂肪」，所以大腦會引發趨避反應，對暴飲暴食踩剎車。

此外，也能從表情阻止自己，假如想要避免吃甜食，在吃甜食時，就要試著不露出笑容。

若是嘴角上揚、露出笑容，大腦就會判斷為「發生了什麼好事」。

若是嘴角沒有上揚、沒有露出笑容，大腦就會判斷為「沒有發生好事」。

也就是說，如果沒有露出笑容，大腦就會認定「就算吃了甜食，也沒有好事發生。」

因此，下次看到甜食擺在眼前，也不會任由食欲放縱而吃太多。

巧妙改變說法，做出表情欺騙大腦，就能巧妙地控制食欲。

習慣養成重點

DAY 069

巧妙運用「用語」和「表情」，讓食欲踩剎車。

070

戒掉壞習慣④ 沉迷遊戲

試著改口說：「幼稚的遊戲」

想要戒掉玩遊戲，試著改變說法很有效。

舉例來說，**不要說「遊戲」，試著改口說：「幼稚的遊戲」**。就算「想玩遊戲」，應該也沒有人「想玩幼稚的遊戲」。像這樣，若是改口說成大腦會引發趨避反應的用語，就會漸漸地和遊戲保持距離。

此外，也可以藉由開始其他習慣，取代打game。我認為，許多人會在通勤、通學的電車上，忍不住玩遊戲，要是開始「在電車上翻開書本」、「在電車上聽英語教材」這種習慣，就會沒空玩遊戲。

或者，如果開始「年長者來就讓座」的習慣，就必須隨時注意周圍的情況，也會沒空玩遊戲。

若是沒事可做就會忍不住玩遊戲的人，決定「做……，來取代玩遊戲」很重要。

習慣養成重點

DAY 070

在玩遊戲的地點和時間，開始其他習慣，讓自己沒空玩遊戲。

071

養成良好的習慣，度過最美好的人生

習慣的力量可以改變命運

在這一章，我介紹了培養或戒除各種習慣的訣竅。

你是否明白無論在人生的任何場景，習慣都能成為你強而有力的夥伴呢？

我們能夠維持好習慣，也能夠戒掉壞習慣，一切取決於我們如何思考、採取行動。

至今遇到不順心的事，或許你會想要認為：「那不是我的錯」，「都是我運氣不好」，但是召來那種結果的，正是你的習慣。

無論哪種資訊輸入大腦，你都可以選擇將用語和動作等輸出轉變為正面。

進行正面輸出的人，會對身旁的人進行正面輸入，所以那個人所在的地方，氣氛總是變得開朗、正面，因此事情也會比較順利一點。

一般人認為「運氣好」的人們，其實是透過習慣，打造了運氣好的自己。

最後，再重複一次本書開頭說過的：

「人沒有能力的差別，只有習慣的差別。」

習慣決定了你的生活方式，正因如此，請養成良好的習慣，度過最充實、美好的人生。

習慣養成重點

DAY 071

和好習慣結為盟友，成為理想的自己。

後記
好的人生，是怎樣的人生？

感謝你看完這本書。

了解習慣之後，有何感想？

我想，許多人過到現在，八成都不知道習慣是這麼重要的東西，真是非常可惜。

若你對於如今的人生感到缺憾，或者有不順利的事情，都能夠運用習慣的力量加以改變。

畢竟，**「習慣決定一切」，無論你的目前所在地在哪裡，都能夠朝著遠大的目標前進。**

我年輕時，也盡是些不如意的事。如同前文說過的，事業失敗、沉迷於賭博，如今回首，度過了慘不忍睹的人生。

假如就那樣渾噩度日，沒有試圖改變自己，想到如今不知變得如何，就令人不寒而慄。

幸好，我得以遇見「習慣形成」，慢慢實踐了小習慣：

總是開朗、大聲地打招呼。

別人叫我，我會有精神地回應。

常說「謝謝」。

像這樣，一個個小習慣，改變了我的人生。所以，我也想告訴大家習慣的重要性。

如今，我能夠像這樣，身為習慣形成顧問從事活動，就是透過習慣的力量。

你當然也能夠改變。

我和接受我的研習的聽講生們，大家一開始都是煩惱不已。

或許就和拿起這本書時的你一樣，夢想不明確，對自己沒有自信。

儘管如此，如同在本書介紹的，許多聽講生學會了習慣形成的技巧，逐漸改變自己的人生。

因此，請你也相信自己，踏出第一步。

請讓我問你一個問題：**「對你而言，好的人生，是怎樣的人生？」**

一百個人，應該會有一百種答案。

那也無妨。什麼是好的人生，根本不存在正確答案；重要的是，你想像對你而言好的人生。

而且，請你相信那個畫面，一定會如同想像成真，請你努力持續使它成真的習慣。

最近，「人生一〇〇年時代」這句話轟動了日本社會，我們的人生比之前變長了許多，而且今後，有許多人的工作會被AI取代。

若要不被AI取代，按照自己的方式度過漫長人生、活得有意義，需要怎樣的生存能力和技能呢？

正是人性力，也就是習慣形成的技能。請你務必也學會這項技能。

如此一來，你想像的人生一定會實現，我由衷期待你迎接那一天的到來。

最後，本書寫的是我長年來，和許多人一同窮究的「習慣」的這種「本性」。

這次寫作時，我自己也獲益匪淺。我從サンリ株式會社的西田文郎董事長身上，學習身為經營者的思考習慣，然後從サンリ株式會社的西田一見總經理身上，學習SBT超級大腦訓練，提升人的潛力、發揮能力，將這個行動習慣鉅細靡遺地寫在這本書中。

至於本書的出版經過，則是由平常往來密切、創立Clover出版株式會社的小川泰史董事長，介紹すばる舎株式會社的上江洲安成總編輯，他和撰稿人——塚田有香一起數度和我面談，引導出我的想法。

除此之外，我獲得許多人的加油與支持，才能撰寫這本書。

感謝助我一臂之力的各位。

感謝拿起這本書，把它看完的各位。
希望這本書對各位實現自己的人生有所助益。

吉井雅之

Star 星出版 生活哲學 LP003

最強習慣養成

3個月 x 71個新觀點，打造更好的自己

習慣が10割

作者 — 吉井雅之
譯者 — 張智淵

總編輯 — 邱慧菁
特約編輯 — 吳依亭
校對 — 李蓓蓓
封面設計 — 兒日設計
內頁排版 — 立全電腦印前排版有限公司

讀書共和國出版集團社長 — 郭重興
發行人 — 曾大福
出版 — 星出版／遠足文化事業股份有限公司
發行 — 遠足文化事業股份有限公司
231 新北市新店區民權路 108 之 4 號 8 樓
電話：886-2-2218-1417
傳真：886-2-8667-1065
email: service@bookrep.com.tw
郵撥帳號：19504465 遠足文化事業股份有限公司
客服專線 0800221029
法律顧問 — 華洋國際專利商標事務所 蘇文生律師
製版廠 — 中原造像股份有限公司
印刷廠 — 中原造像股份有限公司
裝訂廠 — 中原造像股份有限公司
登記證 — 局版台業字第 2517 號

出版日期 — 2023 年 01 月 10 日第一版第十次印行
定價 — 新台幣 400 元
書號 — 2BLP0003
ISBN — 978-986-97445-8-4

星出版讀者服務信箱— starpublishing@bookrep.com.tw
讀書共和國網路書店— www.bookrep.com.tw
讀書共和國客服信箱— service@bookrep.com.tw
歡迎團體訂購，另有優惠，請洽業務部：886-2-22181417 ext. 1132 或 1520

國家圖書館出版品預行編目（CIP）資料

最強習慣養成：3 個月 ×71 個新觀點，打造更好的自己／吉井雅之著；張智淵譯 . -- 第一版 . -- 新北市：星出版，遠足文化發行，2019.10
304 面；14.8 ×21 公分
譯自：習慣が 10 割
ISBN 978-986-97445-8-4(平裝)
1. 生活指導 2. 成功法 3. 習慣

177.2　　108016283

新觀點
新思維
新眼界

Star
星出版